URSINA GEHRIG: HEISSER TEE VON MOSKAU BIS WLADIWOSTOK

W0355106

URSINA GEHRIG

Heißer Tee von Moskau bis Wladiwostok

Erlebnisse im Transsibirienexpreß

Druckerei-Verlag Hans Rösler Augsburg

ISBN 3-932 630-06-8
6. Auflage 2003
Verlag Hans Rösler Augsburg
Bearbeitung: Ingrid Görcke · Augsburg
Herstellung: Hans Rösler · Augsburg
Printed in Germany

INHALT

IRKUTSK – CHABAROWSK

CHABAROWSK

CHABAROWSK – NACHODKA

NACHODKA – YOKOHAMA

KURZINFORMATION FÜR TOURISTEN IN DIE SOWJETUNION

VORWORT

Das vorliegende Bändchen, das nun schon in der zweiten, überarbeiteten Auflage erscheinen kann, berichtet von einer Eisenbahnfahrt von Moskau nach Wladiwostok, die ich mit meinem Mann unternahm. Das staatliche Reisebüro Intourist bietet verschiedene Varianten für Sibirienreisen an; so kann man Flugzeug- und Bahnstrecken beliebig kombinieren, die Reise in Novosibirsk, Bratsk, Irkutsk oder Chabarowsk je nachdem bis zu drei oder sechs Tagen unterbrechen und sie somit von neun auf über zwanzig Tage ausdehnen.

Wir wählten eine reine Zugreise. Das hat den Vorteil, daß man die Ausdehnung des riesigen Landes recht eigentlich er-fährt. Da ich vor Jahren einmal mit Begeisterung Russisch gelernt hatte, versprach ich mir von der tagelangen Zugfahrt auch eine Chance, um mit Russen ins Gespräch zu kommen. Diese Erwartung wurde erfüllt, und das besondere an diesem Reisebericht liegt darin, daß er sich auf solche Erlebnisse stützt.

WARSCHAU – MOSKAU

Auftakt zu einem Abenteuer auf Schienen

Eine Vorstellung von der russischen Eisenbahn und der russischen Art zu reisen erhielten wir schon auf der Fahrt Warschau–Moskau mit dem russischen Zug „Chopin". Der Schaffner, ein kleiner, pfiffiger Mann, versorgte uns sofort nach Abfahrt mit Tee und füllte die Teegläser nach, sooft wir wollten. Ob Tee im Reisetarif inbegriffen ist, konnte ich bis zur Endstation der Transsibirischen Eisenbahn nicht eindeutig klären. Nicht alle Schaffner hielten es damit gleich: die einen stellten für den genossenen Tee am Ende einer Teilstrecke ein paar Kopeken in Rechnung, die andern ließen den Betrag im Trinkgeld aufgehen.

Zum Tee, der immer sehr heiß serviert wird, mit Wasser aus dem ständig dampfenden Samowar, paßt die Gewohnheit des russischen Passagiers, es sich auf einer Zugreise so bequem wie möglich zu machen: Er hängt den Rock an den Bügel, stellt die Schuhe unter die Bank und erscheint schon bald nach Abfahrt in Trainingsanzug und Hausschuhen wieder auf dem Gang, der an den Coupés vorbeiführt. Die Russinnen zeigen sich im Morgenrock oder in einem luftigen Sommerkleid, stehen mit nackten Armen und Beinen herum, so, als ob es gar nicht Mitte Oktober und eigentlich Winteranfang wäre. Doch wenn draußen auch die ersten kalten Winde vorbeiziehen, in den Waggons ist es gemütlich warm wie in einer gut geheizten Stube.

Während der Zugfahrt von Warschau ostwärts hat man Gelegenheit, weite Gebiete der polnischen Landwirtschaft kennenzulernen. Man sieht allerdings kaum moderne Großbetriebe; die endlos weiten Felder werden noch mit der Pflugschar bearbeitet. Da und dort, eher zufällig, ein paar weidende Kühe, irgendwo ein einzelnes Pferd, das den Wagen allein nach Hause zieht. Obwohl hier die Landwirtschaft noch vorwiegend in privaten Händen sein soll, macht sie einen verschlafenen Eindruck, und der Ertrag sei dementsprechend.

Die große Ebene, die sich von der Nordsee über Berlin und Warschau immer ungefähr auf dem gleichen Breitengrad in Richtung Rußland und Moskau fortsetzt und sich nördlich bis zur Ostsee ausdehnt, ruft die endlosen Flüchtlingsströme in Erinnerung, die man aus der Zeit des Zweiten Weltkriegs von alten Filmdokumenten her kennt. Mit Roß und Wagen oder zu Fuß flüchteten die Polen vor den deutschen Invasoren ostwärts, und gegen Ende des Krieges war ein gleicher Strom mit Polen und Deutschen in entgegengesetzter Richtung unterwegs: die Rote Armee schlug zurück. Der Landstrich legt weder Flüchtlingen noch Angreifern Hindernisse in den Weg. Zu kämpfen hatten aber wohl beide mit den frei zugänglichen Nordwinden und mit dem Nachschub.

In jedem Waggon befindet sich ein Samowar, der mit Kohle aufgeheizt wird. Kochendes Wasser für heißen Tee steht so immer bereit

Wie kommt man nach Moskau?

Natürlich per Flugzeug. Doch ist bei Ankunft im Moskauer Flughafen bis zur Zollabfertigung mit stundenlangen Wartezeiten zu rechnen. Viel schöner ist eine Zugreise oder eine Kombination Flugzeug bis Warschau und Zug bis Moskau, wie wir es machten und was ohnehin günstig erscheint, da verschiedene Fluglinien, beispielsweise Swissair, in Warschau eine Zwischenlandung einschalten. Daß beim Grenzübergang Polen/UdSSR von den Kontrollorganen unter anderem speziell nach Früchten geforscht wird, sollte der Reisende jedoch zur Kenntnis nehmen.

*

Einzelreisenden, im russischen Reisejargon – im Gegensatz zur allgegenwärtigen „*grupa*" – als „*individualny*" angesprochen, wird eine Intouristbetreuung zuteil, die man bei Ankunft in der Sowjetunion zuerst einmal einfach in Kauf nimmt. Bei fortgeschrittener Reise möchte man sie aber gar nicht mehr missen. Sie tritt nur bei den Transfers, der Hotelregistrierung und den im Reisetarif inbegriffenen Stadtrundfahrten in Erscheinung.

Die erste Intouristdame, die uns mit den Worten: „*naschi gosti?*", „Unsere Gäste?", begrüßte, saß im Intouristbüro des Bahnhofs von Brest an der polnisch-russischen Grenze. Wir waren, so schien es, an jenem Abend die einzigen *gosti* aus dem Ausland, und unser Name stand in einem Schreibblock voller Bleistifteintragungen. Sie wies uns an den Bankschalter im unteren Stock zum Geldwechsel und versicherte, daß unser Zug, dem in einer längeren Prozedur auf einem Rangiergleis die Drehgestelle ausgetauscht wurden – die russische Breitspur ist noch zehn Zentimeter breiter als die europäische –, früher oder später wieder auf Perron 1 einfahren würde.

Während wir warten mußten, wurden wir durch eine der besten Zwischenverpflegungen entschädigt, die wir auf unserer ganzen Reise auf Bahnhöfen genossen: *piraschki.* Das sind in Öl schwimmend gebackene Krapfen mit Quark- oder Fleischfüllung, eine russische Nationalspeise, die von Frauen dampfend heiß aus Körben angeboten wurde.

Im Vorgelände von Moskau fiel uns eine weitere Art von Frauenarbeit auf. Entlang der Zuglinie waren Frauen damit beschäftigt, die Schienenböschungen vom herabgefallenen Laub zu befreien. Eine Sisyphusarbeit, da diese Böschungen keineswegs einen gepflegten, sondern eher einen wild wuchernden Eindruck machten. Erst in Moskau gab uns ein Rußlandkenner die Erklärung: Es war wohl einer der beiden Samstage im Jahr, an denen nach den Ideen Lenins jeder Sowjetbürger Landarbeit verrichten müsse. Diese Aufforderung wird heute eher als eine Art Folkloreakt aufgefaßt, und deshalb stellt man sich über die Nützlichkeit einer solchen Beschäftigung keine Fragen.

Vor dem Trittbrett unseres Waggons erwartete uns bei Ankunft in Moskau ein Herr in grauem Hut und Mantel, durch ein kleines Täfelchen auf dem Revers als Intouristman gekennzeichnet. Er sprach wenig, bejahte meine Frage, ob man auf den Bahnhöfen fotografieren dürfe und hatte im übrigen nur die Aufgabe, uns zu einem Wagen zu geleiten, der uns zum Hotel fuhr.

*

Intouristzwänge

Es gehört zu den Besonderheiten des Reisens in der Sowjetunion, daß man auf die Hotelwahl keinen Einfluß nehmen kann und die Aufenthaltsdauer beschränkt ist. Auf der Sibirienstrecke werden nur Hotelzimmer 1. Klasse angeboten, was sich z. B. Studenten mit beschränktem Budget nicht gerade wünschen.
Ein Einzelzimmer kostet in Moskau umgerechnet 290 DM und in den übrigen Städten der Reise 110 DM (Stand 1987). Es lohnt sich aber, die Aufenthalte nicht zu kurz anzusetzen.
Die Reise, die man aus dem Paket der angebotenen Varianten auswählt, muß mindestens zwei Monate im voraus bei einem Reisebüro gebucht werden. Die Kosten für eine Transsibirienfahrt mit der Eisenbahn Moskau–Nachodka, einschließlich je einer Übernachtung in Novosibirsk, Irkutsk und Chabarowsk sowie der Schiffspassage bis Yokohama belaufen sich auf 1500 DM (Tourist 6) bis maximal 3650 DM (Luxusklasse), (Stand 1987).

MOSKAU

Die Etagenfrau im Hotel führt Buch

Unser Hotel in Moskau heißt Rossja (Rußland) und ist ein Gebäudekoloß, wie ich ihn noch nirgends gesehen habe. Es hat vier Flügel mit vier separaten Eingängen, hinter jedem ein Türwächter. Unbefugte kommen nicht einmal bis in die Hotelhalle, die von gestrengen Damen am Empfangsschalter dominiert wird. „*Grupa*"? ist auch hier wieder die erste Frage, und das Gepäck wird vom *sweizar,* dem Portier, ins Zimmer gebracht, das unerwartet schön und komfortabel ist. Vor unserem Fenster in der Tiefe ducken sich alte russische Kirchlein und ein kleines, altfürstliches Wohnhaus der Romanows, das von unserem Nordflügel fast erdrückt wird.

Das Hotel Rossja gibt sich modern, doch hat es, wie fast alle Hotels hierzulande, eine altrussische Tradition bewahrt: die *deschurnaja.* In westlichen Hotels gibt es sie nicht, die Etagenfrau, die strategisch so plaziert ist, daß sie von ihrem Tisch aus die Etage im Auge hat und sehr bald weiß, wer in welches Zimmer gehört. Sie verwahrt die Zimmerschlüssel, schenkt Tee aus oder Siphonwasser, nimmt Wäsche zur Besorgung entgegen, besorgt morgens den Weckdienst, weist späte Besucher aus und verleiht auch mal ein Schachspiel. Die *deschurnaja* absolviert einen 24stündigen Dienst, wacht die ganze Nacht hindurch, worauf drei Freitage folgen. Jeden Morgen um neun Uhr packte die eine *deschurnaja* ihre Sachen zusammen, um der neu antretenden Kollegin Platz zu machen, und keine schien bei Dienstende sehr mitgenommen; vielleicht gibt sich in den Nachtstunden doch die Gelegenheit zu einem kürzeren Nickerchen, zumal ja Bar- und Restaurantbetrieb des Hotels ab elf Uhr abends ihren Service einstellen.

Alle Etagenfrauen, die ich kennenlernte, wurden nach einer kürzeren Anlaufzeit gesprächig: alle waren sie Familienmütter und schienen vergnügt an ihrem Posten, der ihnen mit hundert Rubeln monatlich jedoch ungewöhnlich wenig einbringt. Was für Zahlen sie ständig auf einen Papierbogen eintrugen, konnte ich nicht herausfinden. Sie sind eben bei aller Liebenswürdigkeit ein Glied der sowjetischen Hotelbürokratie. Als ich eine *deschurnaja,* die mir fröhlich und zugänglich erschien, um ihre Adresse bat, damit ich ihr eine Fotografie von ihr schicken könne, winkte sie ab: „*lutsche njet* – besser nicht".

Fühlt man sich im Rossja wohl aufgehoben und registriert, so beginnt draußen vor der Hoteltür, mit den ersten Schritten durch die Stadt, die Fremde und Anonymität der großen Metropole. Erstes Ziel ist der in Sichtweite liegende Rote Platz, der selbst

Die „deschurnaja“ im Hotel Rossja verwahrt die Schlüssel, versorgt die Gäste mit Tee und Schachspielen; sie ist gewissermaßen die gute Seele der Etage

den Place de la Concorde von Paris an Größe übertrifft. So wie die eisigen Polarwinde über den Platz fegen und die Leute zu schnellem Schritt antreiben, halten andererseits die schwarzen Limousinen der hohen Staatsfunktionäre, die plötzlich aus dem Kremltor quer über den Platz geschossen kommen, das Volk in respektvoller Distanz.

Im Kreml hört man keine Choräle mehr

Das eine Kremltor ist nicht für das gemeine Volk bestimmt; Militärs bewachen den Eingang, Absperrungen auf dem Platz markieren die Grenzen. Vor dem Lenin-Mausoleum wartet eine kilometerlange Menschenschlange. Im Gegensatz zu der sich nur langsam vorwärtsschiebenden Schlange vollziehen junge Soldaten in zackigem Schritt die Wachablösung. Angesichts der Härte dieser Szene nimmt sich das Innere des Kremls mit den nicht zu zählenden Türmen in Gold und dem Farbenreichtum vor der Renaissancefassade des Palastes, alles im wesentlichen im 15. und 16. Jahrhundert von italienischen Baumeistern erstellt, märchenhaft aus. Intourist führt die Kirchen und auch die Ikonostase als hohes Kulturgut vor, obwohl die Geistlichkeit aus dem Kremlgeviert offiziell verbannt ist.

Statt der Gläubigen scharen sich Touristengruppen auf der Treppe zur Maria-Verkündigungs-Kathedrale, und man läßt sie nur schubweise hinein. Statt Choralgesängen vernimmt man die historischen Erläuterungen der Touristenführer in drei Sprachen; fehlerlos vorgetragen, wie man es von den Fremdenführern sonst nicht gewohnt ist. Tatsächlich sind die Mitarbeiter von Intourist Akademiker, und es werden wohl nur die sprachbegabtesten als Fremdenführer eingesetzt.

Weiße Hochzeit und Kolchosmärkte

Während der Stadtrundfahrt machen wir Halt auf der Anhöhe vor der großen Moskauer Universität, von wo man einen Teil der Stadt überblickt. Unsere Aufmerksamkeit richtet sich aber nicht nur auf Universität und Stadt, sondern auf etwas viel Naheliegenderes: auf Hochzeitspärchen, die sich in luftig weißem Kleid und dunklem Anzug mit der Festgesellschaft vor dem Hintergrund der Stadt aufstellen und für das Hochzeitsbild posieren. Blutjung erscheinen mir die frisch Getrauten, und das Ritual des Fotografierens wird durchgestanden, auch wenn die Eiswinde die Röcke bauschen und die Arme blau werden lassen. Von dieser Anhöhe aus, den Lenin-Hügeln, überblickt man auch die Olympiabauten des Jahres 1980, das große Stadion, ein modernes Kolosseum aus Eisen und Beton, und ein weites Umfeld mit den Sportlerunterkünften.

An unserem zweiten Moskauer Tag beobachtete ich ein schüchternes Engländerpaar, das wenige Minuten nach neun Uhr morgens zum Frühstücksbuffet kam. Aber es wurde abgewiesen; die kleine Verspätung war Grund genug, auch wenn die Essenszeiten nirgends angeschlagen sind. An einem anderen Ort wäre diese Abweisung gar nicht so bedenklich, doch in Moskau bedeutet sie Hunger bis zur Mittagsstunde, außer man begnüge sich mit einem Eis aus dem großen Warenhaus GUM. Eis war das einzig Eßbare, das man sich nicht durch geduldiges Warten verdienen muß.

Nach Eßwaren Ausschau hielt ich auch auf einem Spaziergang durch die *Uliza Gorkowo,* die als Haupteinkaufsstraße vom Roten Platz wegführt. Was vom Bus aus höchst verlockend aussah, erwies sich aus der Nähe betrachtet als weniger begehrenswert: das Gemüse war welk, die Früchte runzelig und alles recht teuer.

Auf den Kolchosmärkten, so sagte mir eine in Moskau wohnhafte Schweizerin, würde die beste Ware feilgehalten, allerdings zu hohen Preisen. In einer Halle verkaufen schnauzbärtige Südländer aus der Ukraine oder dem Kaukasus Südfrüchte, Peperoni, Knoblauch. Aber wie ich den appetitlichen Anblick fotografieren will, springt eine rundliche Moskauerin in der Verkaufsschürze vor das Objektiv und herrscht mich an, es sei verboten, Verkaufsstände zu fotografieren. Erst nach längerem Gestreite glaubt sie mir, daß ich noch nicht abgedrückt habe, und läßt mich weiterziehen. Meine Begleiterin klärt mich darüber auf, daß die Russen keine Einblicke in das mangelhafte Verteilungssystem ihrer Konsumgüter dulden. Sie wissen um diese schwache Stelle und fühlen sich Ausländern gegenüber unterlegen. Die Kolchosbauern handeln die über das Plansoll erzeugte Ware privatwirtschaftlich; sie nutzen die Lücken in der Versorgung, bringen die Waren per Flugzeug in die Metropole, um sie da möglichst teuer zu verkaufen.

„Errungenschaften" der Sowjetunion

Wie verbringt man in Moskau die Abende? einen Ballettabend im Kongreßpalast des Kreml verdanken wir unseren Bekannten, die rechtzeitig im voraus Karten gekauft hatten. Ansonsten ist es schwer, wenn man nicht in Gruppen reist, Eintrittskarten zu bekommen, die nur über Intourist bezogen werden können. Die Vorstellung von „Don Quichote" war überwältigend: Auf einer Riesenbühne gaben Primaballerinas und Solotänzer ihr Bestes, zeigten ohne eine Spur von Ermüdung ihre durchgestreckten Arabesken, ihre präzisen Sprünge und Pirouetten, alles bis in die Fingerspitzen einstudiert. Immer wieder mußte ich daran denken, daß sie für jeden Auftritt von fleißigen Händen in ihre Kostüme eingenäht werden und so ihr Sicherheitsgefühl gestärkt wird. Die Pause mit dem großen Buffet im Obergeschoß, das offensichtlich zum Ritual des Theaterbesuchs gehört, erinnerte mich an Berlin vor dem Mauerbau, als Besuche in der Ostoper noch möglich waren.

Einen anderen Abend folgten wir der Empfehlung der Etagenfrau und gingen ins Kino: der Film sei hinreißend. Als auch die Intouristdame und schließlich das Kassenfräulein im Kino beim Südportal des Hotel Rossja von dem Film schwärmten, wurden wir neugierig: Was mag den Russinnen an einem Film so gefallen? Es war eine polnische Produktion mit einem gesellschaftskritischen Thema, wie es der Titel „Standesunterschiede" ankündigte. Am Schluß zerbricht eine Liebe zwischen einer Volksschullehrerin und einem Adligen, in dessen Familie sie Privatunterricht erteilt. Was den Film aber zu einem echten Kunstgenuß werden läßt, sind die mit Einfühlung und Liebe zum Detail dargestellten Szenen des früheren Adelslebens. Diese nahmen sich aus der Sicht des nivellierten russischen Alltags besonders phantastisch aus.

Moskau ist, mindestens zu spätherbstlicher Jahreszeit, keine zugängliche Stadt. Man hat seine Ausflüge so zu bemessen, daß man nach ein paar Stunden wieder im Hotel zurück ist, denn andere Möglichkeiten zum Aufwärmen und Ausruhen, wie Cafés und Restaurants, sind rar und für den Fremden kaum auffindbar. Die Leute waren vermummt und gaben sich reserviert; zu einem Gespräch auf der Straße ergab sich keine Gelegenheit. Hätte meine Landsmännin mich nicht in ein Klostergeviert und das Quartier *Nemetzkaja Sloboda* geführt, in dem noch vereinzelte Holzsiedlungen stehen, die zur Zeit Peters des Großen deutschen Handwerkern als Unterkunft dienten, dann wäre mir die Stadt mit ihren öden Wohnblocks und staatlichen Museen noch schematischer vorgekommen.

Allerdings: der politisch oder wissenschaftlich Interessierte wird auf Besuche in den bekannten Museen sowie in der permanenten Ausstellung „Errungenschaften der Sowjetunion" auf keinen Fall verzichten. Ich überließ die „Errungenschaften" meinem Mann und suchte den alten Deutschen Friedhof im lichten Birken-, Ahorn- und Kiefernwald auf, einen der letzten Zeugen der deutschen Kolonie. Er lag unter einer Laubdecke verlassen da. Die Moskauer kommen zur Osterzeit mit ihren Familien auf die Friedhöfe und halten Mahlzeit. Deshalb gleicht jedes Grabsteinrevier einem kleinen Gärtchen, von einem Zaun umgeben, und es ist nicht selten mit einer Sitzbank ausgerüstet.

Der Abschied von Moskau fällt nach drei Tagen nicht besonders schwer. Per Taxi gelangt man vom Hotel Rossja zum Transsibirienexpreß Rossja im Jaroslaw Bahnhof. Aber bis es dazu kam, gab es für uns eine kleine Aufregung.

Papierkrieg im Intouristbüro

Wer zum erstenmal in Rußland reist, muß wissen, daß das, was er im ausländischen Reisebüro für seine Hotel- und Billetvorauszahlungen in die Hände gedrückt bekommt, sogenannte Vouchers, Gutscheine, sind, die einzig den Charakter von Quittungen haben und in Fahrscheine beziehungsweise Logiskarten für die nächste Hotelunterkunft umgeschrieben werden müssen. Zu all diesen Dienstleistungen ist einzig und allein Intourist befugt, das in jedem Hotel ein Büro mit mehreren sprachenkundigen Damen hat, die einen mit Zetteln und Stempeln versorgen und gegebenenfalls von Pult zu Pult schicken. Das Prozedere ist langwierig, und bei geübten Rußlandreisenden habe ich festgestellt, daß sie sich beim ersten Kontakt mit Intourist den Namen der Dienstdame aufschreiben lassen, der sie ihre Papiere zur Bearbeitung abgegeben haben. Sie ersparen sich dadurch unnötiges Warten am falschen Pult, wenn sie sie wieder abholen.

Herbststimmung auf dem Deutschen Friedhof in Moskau. Vom Andronikow-Kloster entlang der Jansa gelangt man zu diesem einzigen Überrest der ehemaligen Ausländer-Siedlung

Wir als Neulinge kümmerten uns um die Vorbereitung zur Weiterreise erst am Vorabend, was zur Folge hatte, daß wir noch eine Stunde vor Zugabfahrt mit wachsender Nervositäit im Intouristbüro Schlange standen – als plötzlich unser Name aufgerufen wurde und von hinten vier Intouristdamen herbeieilten, die letzte Abfertigung mit ungeahnter Schnelligkeit erledigten und uns zum bereitstehenden Taxi führten. Im Moskauer Morgenverkehr war gut durchzukommen, und eine Viertelstunde vor Abfahrt standen wir auf dem *Jaroslawski Waksal,* Gleis 4, vor dem Wagen Nummer 10, wo uns eine lachende Ludmilla einzusteigen bat: *„paschalysta!“* Sie war die Schaffnerin des einzigen Zweibettcoupé-Wagens im Transsibirienexpreß Rossja.

Die mehrtägige Reise im Zweibettcoupé (weiche Klasse) ist recht komfortabel

Auf dem Jaroslaw-Bahnhof, Gleis 4, empfängt uns im Wagen 10 eine lachende Ludmilla mit den Worten „paschalysta"

MOSKAU – NOVOSIBIRSK

Im Rossja ist der Schaffner Mädchen für alles

Der Zug ,,Rossja" ist rot und hebt sich schon rein farblich von den grünen Nahverkehrszügen ab. Vor jedem Waggoneinstieg stehen zwei Schaffner, und diese beiden begleiten die Reisenden auf der ganzen Reise bis Wladiwostok und zurück, sie schippen die Kohle, servieren Tee, bringen frisches Bettzeug und führen einmal täglich einen kleinen Staubsauger durch Gang und Coupé. Sie sammeln in einer Falttasche die Billette, stecken sie so ein, daß sie mit einem Blick die Zielstation eines jeden überschauen, denn sie sind dafür verantwortlich, daß keiner weiter fährt als er bezahlt und gebucht hat. Sie geben Auskunft über dies und jenes, wissen Bescheid über die Dauer des nächsten Haltes und passen an den Stationen auf, daß keiner der Passagiere zu spät zusteigt. Gleichfalls lassen sie niemanden in den Wagen, der nicht dazu befugt ist, und sie schließen das Abteil mit dem Schlüssel ab, wenn man in den Speisewagen geht. Sie belegen ein kleines Kämmerlein direkt neben dem Samowar, wo sie bei einer gemütlichen Tischlampe lesen, Gemüse für ihre eigenen Mahlzeiten putzen, wo sie die Teegläser waschen und ihre eigenen Vorräte aufbewahren.

Am dritten Reisetag reichte uns Ludmilla ein dick bestrichenes Butterbrot zum Frühstück; Waffeln und Tee, reichlich gesüßt, waren immer zu haben.
Der *prowodnik,* wie der Schaffner auf Russisch heißt, ist das Pendant zur *deschurnaja* im Hotel. Sie wechseln sich in einer starren zehn- bis zwölfstündigen Dienstzeit ab und behalten ihre Uhr immer auf Moskauer Zeit, die am Ende der Reise, nach acht Tagen, um gut sieben Stunden nachgeht. Der *prowodnik* hat ein handgeschriebenes Visitenkärtchen an der Tür seines Dienstkämmerchens angebracht; das halbe Schlafabteil nebenan ist sein Privatbereich, in dem er abwechselnd mit seinem Kollegen die Schlafens- und Ruhezeit verbringt. Erst im Laufe der langen Reise verspürt man, wie hilfreich diese netten Leute sind und wie man sie in der Weite Sibiriens und seinen langen, kalten Nächten vermissen würde. Selbstverständlich entledigt sich auch der *prowodnik* seiner Dienstuniform, sobald der Zug fährt, und vertauscht die warmen Stiefel mit Hausschuhen.

Unser Zweibettcoupé hat beiderseits eine Polsterbank aus rotem Velours, mit einem weißen Schonbezug überzogen. Darauf kommen für die Nacht eine leichte Matratze, ein Leintuch, zwei Kopfkissen und ein Überzug, in dem eine dicke Wolldecke Platz findet. Spiegel gibt's drei, zweimal zwei Haken an der Wand, ein Tischchen am Fenster und viel Platz für die Gepäckstücke: unter der Bank und über der Tür. Am Ende des zweiten Reisetags erfahren wir, daß die aufklappbare Bank als Proviantbehälter gedacht ist.

An den einstigen Salonzug, als der er in früheren Zeiten, vor allem um die Jahrhundertwende, bekannt war, erinnern höchstens noch die gestärkten weißen Vorhänge an den Fenstern, die ausnahmslos sauber sind, weil sie am Ende jeder Reise ausgewechselt werden, sowie die Teegläserhalter aus Blech – früher wohl versilbert – mit Jugendstilverzierungen.

*

Eisenbahntechnische Daten

Die Transsibirienstrecke ist 9300 km lang und hat 78 Haltestationen. Die Spurbreite ist mit 1,53 Meter 10 Zentimeter breiter als die Breitspur in Europa, die Waggons bieten in der Breite aber 30 Zentimeter mehr Platz. Sie sind meist ostdeutschen Urspungs und kommen aus Ammendorf/DDR. Unter den Lokomotiven unterscheidet man tschechische von der Achsfolge Bo Bo aus den Tatrawerken in Königgrätz und russische von der Achsfolge Bo Bo und Co Co. (In einer Lokomotive, die wir besichtigen konnten, entdeckten wir Oerlikoner Bremsventile [MFO] und einen Hasler-V-Messer.) Auf der ganzen Transsibirienstrecke werden die Lokomotiven nicht mehr als vier- bis fünfmal ausgewechselt. Die gesamte Strecke ist in Blocks aufgeteilt, so daß ein sehr reger Bahnverkehr gesichert ist: durchschnittlich kreuzt man jede Viertelstunde einen Güterzug mit einer Anhängelast bis maximal 64 Vierachsern oder 4800 Tonnen. Der Transsibirienexpreß Rossja führt immer 16 Waggons, einen Post- und einen Restaurantwagen mit. Die Geschwindigkeit beträgt maximal 120 bis 140 km/h. Der Unterbau der Schienen besteht nicht aus Schotter, sondern aus Schlacken.

*

Der Zug fährt auf breiter Spur, sanft und leise, und durch bebaute Gegenden in sehr gemütlichem Tempo. Russische Volkslieder erklingen aus dem Lautsprecher, und vom Fenster aus wohnt man dem russischen Alltag bei. Die Bahnhöfe der Moskauer Vororte ziehen vorüber mit Männern in grauen Hüten und Frauen in bunten Kopftüchern. Mietshäuser, zwischen denen Wäsche flattert, und immer wieder einsame Figuren, die den Schienen entlang gehen. Was bei uns verboten ist, nämlich den Bahnschienen zu nahe zu kommen, scheint in Rußland üblich und erlaubt. Vielleicht deshalb, weil die Fußwege auf dem Bahndamm im allgemeinen trocken, während die übrigen zur wärmeren Jahreszeit meist morastig sind.

Noch über eine Stunde fährt man durch die Hauptstadt, bis die Mietskasernen mehr und mehr von kleinen Holzhäusern abgelöst werden. Es ist die Art des nordrussischen Holzhauses, das uns auf der ganzen Transsibirienreise begleitet.

Ob *datscha* (Sommerhaus) oder *isba* (Bauernhütte), das ist hier die Frage. In der Nähe der Städte dürfte die Bezeichnung *datscha* eher zutreffen. Besitzer einer *datscha* zu sein, ist der größte Wunsch des heutigen Russen. Die prunkvollen *datschas,* die den hohen Regierungsbeamten oder sonstigen Privilegierten vorbehalten sind, liegen aber in Wäldern versteckt.

Zu unserer Reisezeit, Mitte Oktober, sind die Bäume schon weitgehend laubfrei, was den Vorteil hat, daß man besser in die Weite sieht. Die Felder sind schon auf den Winter vorbereitet, und in den Sumpfgebieten, die den größten Teil des Geländes ausmachen, beginnt das Wasser allmählich zu gefrieren. Angesichts dieser Sümpfe fragt man sich, wie in früheren Zeiten die Tataren und Mongolen mit ihren Kriegsheeren vorrücken konnten. Sie mußten eine Jahreszeit gewählt haben, da der Boden noch nicht zu tief verschneit, jedoch schon hart gefroren war, sonst wären sie im Morast steckengeblieben.

Im Oktober bekommt man auch schon eine leise Ahnung vom russischen Winter; man durchfährt verschiedene Wetterzonen, die unter dem Einfluß der Eismeerluft stehen, man erlebt die ersten trockenen Schneeflocken und die erste Eisbildung auf Flüssen und Seen. Die Leute hier nennen das, was uns bereits winterlich anmutet, einen leichten Herbst – *lochki ossen.*

*

Der Fahrplan im Zug in kyrillischer Schrift

Er hängt im Gang eines jeden Waggons und gibt die Ankunfts- und Abfahrtszeiten in beiden Richtungen an, jedoch alles nach Moskauer Zeit und in kyrillischer Schrift. Hier die wichtigsten Stationen in Ortszeit:

Moskau ab 14.05 Uhr
Novosibirsk an 13.41 Uhr am dritten Reisetag
Novosibirsk ab 13.56 Uhr
Irkutsk an 20.06 Uhr am vierten Reisetag
Irkutsk ab 20.16 Uhr
Chabarowsk an ca. 7.38 Uhr am siebten Reisetag.

In Chabarowsk ist eine Übernachtung obligatorisch und im Fahrpreis inbegriffen. Hier muß man den Zug wechseln; der Rossja fährt nach kurzem Zwischenaufenthalt weiter nach Wladiwostok, dem wichtigsten östlichen Militärstützpunkt der Sowjetunion, der für Ausländer gesperrt ist. Die ausländischen Passagiere besteigen einen anderen Zug, der am Abend abfährt und sie über Nacht nach Nachodka bringt. Nachodka ist der Zivilhafen am Pazifik und liegt an der gleichen Zugstrecke, jedoch eine Meeresbucht vor Wladiwostok.

Chabarowsk ab 17.30 Uhr am siebten Reisetag
Nachodka an 9.25 Uhr am achten Reisetag
Nachodka ab mit Schiff 12.00 Uhr
Yokohama an 15.00 Uhr am zehnten Reisetag

Schiffspassage möglich von April–Oktober

Eine kleine ,,datscha'', wie man sie zwischen Moskau und Ural häufig antrifft. Hier muß man mit dem Ausbau des Dachgeschosses bis zum Frühjahr warten

Nylons für Ludmilla und Ala

Der Spätherbst ist keine Reisezeit mehr für Touristen. Nicht nur im zehnten Waggon sind wir die einzigen Fremden, im ganzen Zug sind zur Zeit nur Russen, dienstlich oder auf Familienbesuch unterwegs. Kontakte mit Einheimischen ergeben sich natürlich am ehesten, wenn man ihre Sprache spricht: im Speisewagen oder mit Coupénachbarn.

Die ersten, die mir etwas von ihrem russischen Leben erzählen und mir auch das Unternehmen Transsibirienexpreß näherbringen, sind Ludmilla und Ala, unser Schaffnerinnenduo. Beide sind seit fünf Jahren im Eisenbahndienst tätig, Ludmilla war früher Krankenschwester – „doch im Zug sind die Leute fröhlicher". Sie hat einen halbwüchsigen Sohn, der in der Stadt Buy, wo wir bei Dunkelheit einfahren, auf den Bahnsteig zur Begrüßung kommt, und mit ihm kommen Tante und Onkel, bei denen er in Ludmillas dienstlicher Abwesenheit wohnt. Von ihrem Mann ist Ludmilla geschieden, doch wenn ihr Sohn einmal das Haus verlasse, wolle sie wieder heiraten, denn allein mag sie nicht bleiben. Ludmilla ist eine fröhliche Natur, und wenn man ihr Lachen durch den Waggon nicht mehr hört, kann man annehmen, daß ihre Schlafrunde gekommen ist.

Ala ist eher verschlossen, aber ebenso liebenswürdig, steht am Einstieg breit wie ein Bär vor dem Bau, wenn der Halt auf einer Station zu kurz ist und sie niemanden hinein- oder hinauslassen will. Obwohl erst 43jährig, hat Babuschka Ala zwei Enkelinnen; ihr Mann ist krank und liegt im Spital. Moskau–Wladiwostok und retour dauert 16 Tage, und auf diese Dienstzeit folgen 16 freie Tage, in denen sie sich um ihre Familien kümmert. Ihre nächste Reise wird in 32 Tagen sein, wieder im selben Zug und im gleichen Waggon.

Ludmilla hat überall Freundinnen; ein paar versorgen sie auf der Strecke mit Nahrungsnachschub: Brot, Milch, Butter, Kohl und Tomaten werden ihr schon in Buy zum Zug gebracht. Wenn sie in dem kleinen Blechpfännchen ihre Gemüsesuppe mit Fleisch kocht, je nach Zutaten *Borschtsch* oder *Soljanka,* zieht sie Jacke und wollene Strümpfe, Mütze und Stiefel an, denn ihr Herd ist gleichzeitig der Kohleofen neben dem Einstieg im Gang draußen. Hier herrscht eine nur leicht temperierte Außenluft, und schon am zweiten Reisetag wird es draußen weiß, und feiner Schneestaub dringt durch die Türritzen. Wenn Ludmilla Kohle schaufelt und den Ofen nachheizt, zieht sie ihre selbstgenähten Handschuhe mit einer hellgrauen Außen- und einer schwarzen Innenseite an. Vieles nähen die Russinnen selbst und von Hand, weil Nähmaschinen rar sind: die schwarzen, gesteppten Jacken der Männer, die immer wieder entlang der Zuglinie auftauchen, neue Sohlen an die Filzstiefel, wenn die ersten durchgelaufen sind, und Fausthandschuhe aus warmem Pelz. Auch Ludmillas schwarzes Arbeitskleid samt Abnähern über die diversen Rundungen ist Eigenfabrikat.

Obwohl mit Kohle geheizt wird, ist die Luft im Transsibirienexpreß, wenigstens auf der elektrifizierten Strecke Moskau–Irkutsk, sauberer als in jeder europäischen Eisenbahn, mit der ich schon gefahren bin. Die Kohleheizung erweist sich als äußerst angenehm, weil sie die Luft nicht so austrocknet wie die sonst übliche Elektroheizung.

Als ich Ludmillas mehrfach geflickte Strümpfe sah, gab ich ihr ein Paar meiner zum Verschenken mitgenommenen Nylonstrumpfhosen, die in Rußland wohl zu kaufen, aber verhältnismäßig viel zu teuer sind. Nicht alle griffen so freudig zu wie Ludmilla und Ala, obwohl die rundliche Ludmilla Bedenken hatte, ihr Umfang sprenge den Bund. Mit diesem kleinen *suvenir,* wie die Russen ausländische Artikel

In der Kabine des „prowodnik": Zutaten für die Kohlsuppe, die sich der Schaffner selber zubereitet

zu nennen pflegen, hatten wir uns einen ungeahnten Vorzug eingehandelt: Beim Aufstehen am zweiten Morgen bot mir Ludmilla ihre Toilette an, die bis dahin für die Passagiere verriegelt gewesen war. Hier gab es sogar Toilettenpapier als Luxus, und es duftete nach Ludmillas Seife. Erst im weiteren Verlauf der Reise kamen wir darauf, daß es eine Extravaganz der beiden Frauen war, eine der beiden Waggontoiletten einfach für sich zu beanspruchen. Überall sonst waren beide Toiletten mit Papier ausgerüstet und die Waschgelegenheiten ordentlich, doch war man jedesmal froh, wenn man einen Besuch an dem kleinen Ort wieder hinter sich gebracht hatte. Aus hygienischen Gründen war denn auch jede Reiseunterbrechung willkommen, die auf der Transsibirienstrecke in Novosibirsk, Irkutsk und Chabarowsk möglich ist.

Neuer Proviant kommt erst in Swerdlowsk

Noch aus einem anderen Grund schätzt man einen gelegentlichen Ausstieg aus dem Zugleben: Die Karte im Speisewagen ist recht bescheiden. Der Wagen ist zwar mit einer Zehn-Mann-Brigade von morgens neun bis abends neun Uhr Ortszeit in Betrieb, was wegen der laufenden Zeitverschiebung zu Mißverständnissen führen kann. Von der Restaurantküche aus werden auch die Passagiere in den einzelnen Waggons bedient. Zwei Leute des Küchenpersonals ziehen etliche Male pro

Am Abend des ersten Reisetages erreicht man den Bahnhof von Jaroslaw. Die meisten Bahnhöfe der TRANSSIB-Strecke sind in dieser Art des „Zuckerbäcker-Stils“ gebaut

Tag mit warmen und kalten Speisen vom ,,*Wagon Restoran*" in der Zugmitte in beide Richtungen aus – und kommen meist leer zurück. Die fleißige Anna war meist mit einem Korb oder einer Serie Gamellen so schwer beladen, daß stets Schweißtröpfchen auf ihrer Stirn glänzten, und ich möchte behaupten, daß sie den anstrengendsten Dienst der ganzen Küchenmannschaft zu verrichten hatte, denn pro Wagen hatte sie nicht weniger als vier Türen zu durchschreiten, nebst dem Faltenbalg von einem Wagen zum anderen, was einen sicheren Stand verlangt. Schließlich unterhält der Speisewagen auch ein Buffet, an dem man Brot, Limonade und weiteres, solange vorrätig, einkaufen kann. Das Personal des Speisewagens bezieht nach jeder Tanssibirienfahrt, während der es einen täglichen Zwölfstundendienst zu leisten hat, einen gut dreißigtägigen Urlaub.

Um in den Speisewagen zu gelangen, mußten wir uns durch drei Wagen der ,,harten Klasse", das heißt der Vierbettenabteile, vorarbeiten. Hier werden zur Hauptreisezeit auch ausländische Reisegesellschaften untergebracht, die für die ,,weiche Klasse" zu zahlreich sind. Doch nun waren diese Wagen ausschließlich von Russen bevölkert, von Familien mit kleinen Kindern, von karten- und schachspielenden Männern und Frauen. Da wurde gegessen und getrunken, und die Kinder vergnügten sich in den Gängen, als ob sie zu Hause wären. Es war in diesen voll besetzten Wagen meist derart gut geheizt, daß es die Männer in den Leibchen aushielten.
Mehr Platz gab es im Speisewagen, obwohl hier Getränkekästen und Kartoffelsäcke unter den Tischen das Angebot der nutzbaren Sitze etwas einschränkten.

Die Fahrt im Speisewagen begann verheißungsvoll mit einem Berg Trauben neben dem Buffet, der unter einem weißen Leintuch aufbewahrt und bereits nach einem Tag abgetragen war. Diese Früchte, die während der ganzen Reise die einzigen bleiben sollten, stammten nicht aus der Krim, sondern nach Auskunft der Küchenchefin aus Rumänien, und es hatte ganz den Anschein, als ob diese Köstlichkeit eher zufällig auf unseren Zug gekommen war, wie denn überhaupt die Konsumgüterverteilung in der UdSSR noch keineswegs geregelt erscheint.

Stets wurde einem die Speisekarte großzügig gereicht, allein, ihr Angebot entsprach nicht der Realität der Küche. Bis zum zweiten Tag hatte man das Repertoire von *Borschtsch* (Kohlsuppe), *Soljanka* (wässrige, rötliche Fleischbrühe mit einer Olive, einem Stückchen Huhn, einem Zitronenschnitz und saurem Rahm), *Biftek* (hartes, halb gebratenes, halb geschmortes Stück Rindfleisch mit ebensolchen Kartoffeln) und Spiegeleiern durchgegessen. Bier und Wodka sind seit Anfang 1978 von der Getränkeliste gestrichen, die süßen *Schampanskoje* und portartigen Krimweine entsprachen nicht unserem Geschmack. Wir hielten uns an die Limonade, hätten am liebsten Mineralwasser gehabt, das es aber auch nicht gab.

Am Abend des zweiten Reisetages war unsere Lust auf den Speisewagen verflogen. Am Morgen noch hatten wir uns aus Annas Korb mit Brot, Kefir, einer guten Sauermilch, und zwei Konserven als Brotaufstrich verpflegt. Nun waren auch diese Vorräte

aufgebraucht, und es wollte eben ein Gefühl von Trostlosigkeit aufkommen über die dürftige Versorgung und die bange Frage „Wie wird es wohl bis Wladiwostok reichen, wenn schon vor dem Ural der Vorrat aufgebraucht ist?“, als der Halt in Swerdlowsk, der großen Stadt hinter dem Ural, Beruhigung brachte.
Hier wurde die Restaurantküche mit neuem Proviant versorgt. Vor allem Leergut und volle Harasse wurden ausgetauscht, volle Eierkartons gegen leere, Brotlaibe kamen an Bord und Kartoffelsäcke. Der Transsibirienexpreß bezieht auf mehreren solchen Basen Nachschub, und manchmal verlagert sich nach einer solchen „Auffrischung“ auch das Schwergewicht der Speisekarte: nach Swerdlowsk war es *scharenaja utka,* Entenbraten, halb geschmort und milde gewürzt, und von nun an gab es nicht mehr Hühner-, sondern Entenbouillon.

Kontakte sind mehr wert als gutes Essen

Im Speisewagen lernten wir die russische Küche nicht kennen. Hier wird kaum mit Liebe gekocht. Dafür brachte man uns bei, mit dem Zählrahmen umzugehen, und wir lernten einen Usbeken mit schwarzem Wuschelkopf von einem Ukrainer unterscheiden. Wir wurden aufgeklärt, daß nicht alle schlitzäugigen Gesichter aus der Mongolei stammen, sondern ebensogut alten, nordöstlichen Volksstämmen angehören können, die vom Ural bis Wladiwostok noch anzutreffen sind, heute jedoch nicht mehr nomadisieren. Wenn wir von der viersprachigen Schweiz erzählten, setzte man uns eine Sprachenvielfalt von über zweihundert entgegen, obwohl ich im Zug niemals etwas anderes als *russkj* hörte.

Zwei Russen konnten ein ganzes Essen lang sich schweigend gegenübersitzen, aber wir wurden stets und ohne Verzug in ein Gespräch verwickelt. Anlaß dazu war die Speisekarte, die man sich gegenseitig zustreckte und die stets diese oder jene Unklarheiten aufkommen ließ. Einmal eröffnete ein kirgisischer Soldat mit einem Glas Krimwein das Gespräch. Er war auf der Reise mit seinem Offizier, der aus Georgien stammte und sich für seinen lustig drauflos plaudernden Landsmann ein wenig genierte. Ein andermal wurden uns vom Nebentisch Pilze angeboten, selbsteingemachte, köstliche Steinpilze in einer milden Essigsauce mit Dill und Pfefferkörnern. Sie stammten von einer jungen Frau, die nicht berufstätig war, sondern *chasiajka,* Hausfrau, was sie selbstbewußt gestand, Mutter zweier Kinder. Zu ihren Tischgenossen gehörten ein Marinesoldat, der nach Wladiwostok einrückte, und ein Berufsfischer, jung und kräftig, aus Murmansk. Der Fischerort im hohen Norden sei im Winter schlechthin nicht zu ertragen, weil der warme Golfstrom bei einer hohen Kälte Nebel erzeuge und die Glieder rasch abfrieren lasse. Allerdings sei Murmansk heute der einzige Ort in der Sowjetunion, wo der Lachs noch vorkomme. Die Wintersaison in Wladiwostok sei für den Fischer auch hart, doch immerhin milder, und vor allem bringe sein Beruf Geld ein, *djengi.* Er verdient ein Mehrfaches eines russischen Durchschnittslohns von rund zweihundert Rubeln.

Ein einziges Mal mußten wir uns für den Speisewagenbesuch in die Warteschlange stellen. Vor uns zwei schwatzende, gutgelaunte Frauen, die einen Ungeduldigen mit den Worten *„wotschered, maladoy tschelowek!“* (in die Reihe, junger Mann!) auf seinen Platz verwiesen. Wir kamen gegenüber diesen Frauen an einen Tisch zu sitzen. Die eine zeigte eine lückenlose Reihe von Goldzähnen. Nein, das sei kein Schmuck, keine Demonstration der sibirischen Goldvorkommen, sondern sie habe einmal zuviele Pillen gegessen, die den Schmelz angegriffen hätten. Nun scheint sie wieder kerngesund und außerdem ausgezeichnet erholt zu sein, denn sie befindet sich just auf dem Heimweg von einem vierwöchigen Erholungsurlaub am Baikalsee, wo sie zusammen mit 1200 anderen Erholungsbedürftigen eine herrliche Zeit bei

Der Speisewagen der TRANSSIB. Hier handelt es sich um den besonders gepflegten „Wagon Restoran“ des letzten Teilstücks Chabarowsk – Nachodka

Badminton, Korbballspiel und Spaziergängen verbrachte. Der Grund für die Erholung bleibt unklar, viel eher war es ein prophylaktisches Unternehmen, wie auch ihre Reisekumpanin schmunzelnd zu verstehen gibt. Die beiden Chabarowskerinnen sind berufstätig, die eine ist Elektroingenieur, die andere *buchgalter,* Buchhalterin. Ein Leben ohne Berufsarbeit können sie sich nicht vorstellen.

In Rußland ist heute die Regel, daß die Frauen nach der Geburt ihres Kindes die Berufsarbeit ein Jahr lang unterbrechen und das Kind zu Hause versorgen. Später stehen Krippen zur Verfügung. In vielen Fällen springen heute auch noch die Großmütter ein, doch mache sich immer mehr ein Trend bemerkbar, daß die noch jungen Großmütter lieber außer Haus zur Arbeit gehen als Kinder zu erziehen.

Das „Eiserne Tor" nach Sibirien

Die ersten 24 Stunden Reise bringen landschaftlich wenig Veränderung. Das Gebiet ist flach, sumpfig, von Flüssen durchzogen, bewaldet, dann wieder als Ackerland erkennbar oder steppenartig öde. Und immer wieder Birkenstreifen. Was die Aufmerksamkeit des Reisenden nicht losläßt, sind die Dörfer, die sich alle paar Kilometer bis ans Bahngleis vordrängen. Man erkennt da und dort das Parteilokal, zugleich einzige Wirtschaft am Ort, mit dem sich immer wiederholenden Wahlspruch *„Slawa Trudu",* Ruhm der Arbeit. Lehmstraßen führen zwischen den geduckten Bauernhütten durch und verbinden auch abgelegene Industrieanlagen.

Als Eisernes Tor galt in alten Zeiten der Ural. Anfänglich hatte man das Gebirge über das Nördliche Eismeer umschifft und war die Flüsse Petschora, Ob und Jenissej nach Sibirien hinaufgefahren. Mangasseja hieß das Land, das sich in dieser Flußgegend im nördlichen Teil der westsibirischen Tiefebene befand, und sein Reichtum war schon damals bekannt: Pelze und Bodenschätze.

Die eigentliche Eroberung Sibiriens ging vom Permer Land aus, in dem sich der Kaufmann Nikita Stroganoff und seine drei Söhne mit urkundlicher Erlaubnis des Zarenhofs niedergelassen hatten. Sie betrieben hier Salzsiedereien und versorgten Moskau zuverlässig mit dem kostbaren Salz. Auch die Ausbeutung der Erze, außer Gold, war ihnen zugestanden. Sie gründeten neue Städte und besiegten Kasan und Astrachan an der Wolga, wodurch der wichtige Handelsweg über das Kaspische Meer nach Persien in russische Hände gelangte. Über den Ural entsandten sie Expeditionen, die das Land jenseits des Eisernen Tors auskundschafteten. Stroganoffs Wirken bewog die sibirischen Herrscher zu jährlichen Tributzahlungen an den Zaren. Dies geschah mit Zobel- und Eichhörnchenfellen.

Den besten Weg durch den Ural fand der Kosakenführer Jermak, der im Dienste Stroganoffs in einem kriegerischen Feldzug Mitte des 16. Jahrhunderts den sibirischen Zaren Kutschum und sein Reich unterwarf. Jermak benutzte den Schiffsweg

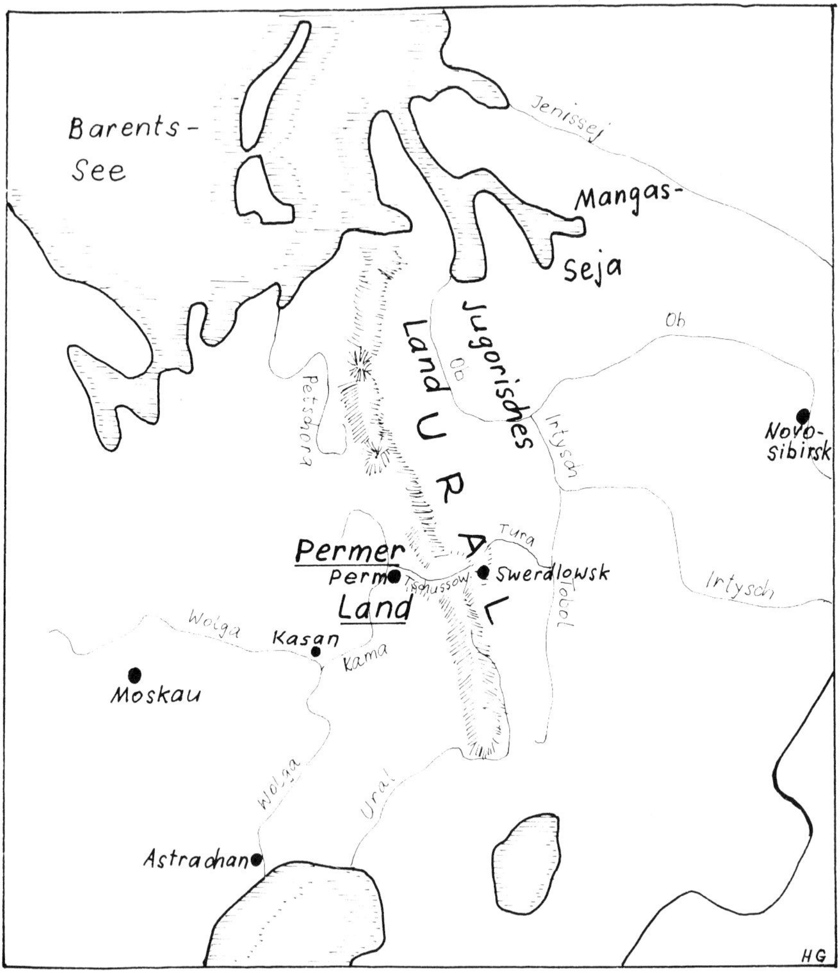

Jermaks Eroberung Sibiriens vom Permer Land aus

von Perm aus über die Tschussowaja, schaffte die Boote über die Wasserscheide und erreichte über Tura, Tobol und Irtysch den Ob. Auch unser Zug folgt mehr oder weniger dieser Wasserstraße: über Perm, Swerdlowsk und Tyumen.

Wurde früher in der Ebene nördlich von Tyumen vor allem Salz gefördert, so sind es heute Erdöl und Erdgas. Es ist deshalb nicht verwunderlich, daß in den sechziger Jahren von hier aus eine weitere Pionierlinie geschaffen wurde. Diese Bahn verläuft von Tyumen nach Norden, überquert den Irtysch und dann den Ob und zieht sich von Surgut weiter nach Norden bis zum erdgashaltigen Tal des Flusses Tas hinter dem Polarkreis. Diese Linie soll später einmal mit einer anderen verbunden werden, die bereits zur Stalinzeit projektiert wurde. Es handelt sich um die Eisenbahn von Salechard über das alte Mangasseja bis zum Holzhafen Igarka am Jenissej und diesem nordwärts folgend bis Dudnika und Norilsk. Mit dem Bau dieser Bahn wurde schon zu Lebzeiten Stalins begonnen. Mit Hacke und Spaten wurde sie von Verbannten gebaut, die dabei massenhaft den Tod fanden. Nach dem Tod Stalins wurde der Bau unterbrochen. Es ist aber anzunehmen, daß diese Eisenbahnlinie nicht aus den Pionierplänen verschwinden wird.

Handkuß vom Armeeingenieur

Eine Stunde vor dem Uralgebirge, das sich dort, wo es vom Zug durchquert wird, nur in sanften, langgestreckten Hügeln ankündigt, hatte sich der Herr aus dem Coupé Nummer 2 zu uns gesetzt. Er war Armeeingenieur, was immer man sich darunter vorstellen mag, und hatte sich kurz nach der Abfahrt in Moskau in seine Kabine eingeschlossen, um einen 24stündigen Schlaf nachzuholen. Oh ja, er war übermüdet, hatte zehnstündige Arbeitstage hinter sich, was in diesem Lande absolut nicht zur Norm gehört. An Essen hatte er auf der ganzen langen Fahrt nichts zu sich genommen, es wartete Besseres auf ihn bei seinen Eltern in Swerdlowsk, die er für ein paar Tage besuchen wollte. Er selbst wohnt mit Frau und Tochter in einer Moskauer Zweizimmerwohnung. Natürlich, das genüge. Die Tochter schläft in der Stube, man ist daran gewöhnt. Er sprach über Swerdlowsk, die Stadt seiner Kindheit, die heute über eine Million Einwohner zählt, die von der Schwerindustrie, vom Bergbau und der Edelsteinverarbeitung leben. In zaristischer Zeit hieß die Stadt Jekaterinburg. Sie war 1721 als Hauptstadt des über 220 000 km^2 umfassenden Uralgebietes gegründet worden.

Es ist eine Stadt mit Tradition und mit einer bewegten Geschichte: 1919 wurde hier die Zarenfamilie erschossen. Noch heute soll die Stadt reich sein an alten Kirchen und Klöstern, und es wäre eine Bereicherung der Reise, wenn hier Intourist für den Ausländer eine weitere Unterbrechungsmöglichkeit schaffen würde.

Der Russe erzählte, während wir durch eine weiße, verschneite Landschaft fuhren, in der alle paar Kilometer winzige Dörfchen in der Nähe der Eisenbahnschienen auftauchten. Wo gehen hier die Kinder zur Schule? ,,Da wohnen keine Kinder, sondern nur alte Leute, die noch etwas Landwirtschaft betreiben.“ Man sah immer wieder einsame Männer oder Frauen, die irgendwo, Stunden weg von den nächsten Häusern, übers Feld gingen, vornübergebeugt gegen den Wind. Da nur eine dünne Schicht Schnee lag, weideten da und dort noch Kühe, dunkelbraune große Tiere, und in einem lichten Birkenwald trieb ein Reiter seine Pferde zusammen. Von den wildlebenden Tieren ließen sich nur ein einziges Mal Elche blicken, Bussarde und große Elstern dagegen scheuten den Zug nicht.

Der Armeeingenieur erkundigte sich nach unserem Woher und Wohin, und als der Name Manila fiel, erwähnte er das Schachturnier, das gerade zwischen Kortschnoi und Karpov ausgetragen wurde. Zu Kortschnoi, dem Abtrünnigen, meinte er: „Wir lieben unsere Landsleute nicht, die Rußland verlassen." Das Foto, das ich ihm von unserem angebauten Bauernhaus in der Schweiz zeigte, hielt er lange in der Hand. Er konnte es kaum fassen, daß man ein mehrstöckiges Haus als Einzelfamilie bewohnen kann. „Keine Großeltern? Keine Geschwister?" Er war ein Herr, ein *gaspadin,* und als er in grauem Hut und Mantel meine Hand zum Abschied küßte, war mir, als gehöre er doch nicht so ganz in die moderne Sowjetgesellschaft der *Tawarischi,* der Genossen, die die Aera des Handkusses wohl gar nie gekannt hatten.

Minus 50° für Ingenieur und Bauführer

Ludmilla hatte das Trittbrett schon hochgeklappt und die Tür mit Steckschlüssel verschlossen, und wir fuhren aus Swerdlowsk hinaus, in die Dunkelheit Sibiriens. Die Uhr stand auf halb fünf Moskauer Zeit, die an allen Bahnhöfen angegeben ist, während man in Wirklichkeit dieser Zeit schon um gute zwei Stunden davongefahren war. Nun wären Jaßkarten das Richtige gewesen, doch diese hatten wir zu Hause gelassen. Da es täglich früher Abend wurde und man noch gar nicht müde war, gewöhnte man sich an, in die Nacht hineinzuleben und am Morgen lange zu schlafen. Iwan und Pjotr, die beiden Freunde in Abteil Nummer 6, verkürzten uns den langen Abend und weihten uns in die russischen Eß- und Trinkfreuden ein.

Sie waren uns dadurch aufgefallen, daß sie die Reise offensichtlich als Erlebnis auskosteten, indem sie immer wieder im Gang standen, in die Landschaft hinausschauten, das Stationsverzeichnis an der Wand studierten und alle Mahlzeiten in der Kabine einnahmen. Tee ließen sie sich von Ludmilla in eine Thermosflasche abfüllen, für ihre übrigen Bedürfnisse hatten sie vorgesorgt. Tomaten, Käse, Eier, Speck und Wurst, frisches und geröstetes Brot, Butter, Salzgurken, Bier, Mineralwasser und Wodka ließen sie zu unserer gemeinsamen Tafelrunde auffahren, wobei Iwan, so groß wie ein Schrank, dem kleinen Pjotr laufend gebot, weiter aufzuschneiden und anzubieten. Der Speck als Hauptproviant war mir schon bei anderen Reisegästen aufgefallen. Er war gesalzen und bestand aus purem weißem Fett.

Ob das Essen denn für sie noch reiche, wollte ich wissen, bevor wir herzhaft zugriffen, was Iwan immer wieder mit einem *„kak sche",* „warum denn nicht, im Gegenteil!" beteuerte. Sie hätten sich für zehn Tage mit Proviant eingedeckt, und als ich wissen wollte, woher denn die guten Sachen stammten, sagte er: „Natürlich nicht aus dem Zentrum Moskaus, wo so viele Leute sind; aus dem Vorort, wo wir wohnen". Wie dem auch sei, er mußte gute Quellen haben, und ich bin sicher, daß ich nicht ein zweites Mal ohne Rucksackproviant auf diese Reise ginge, was den Einheimischen auch nie einfiele. Auf die erste Flasche Wodka folgte die zweite, alles aus dem Vorratskasten unter dem Banksitz, und wir stießen bis tief in die Nacht hinein abwechslungsweise mit Bier und Wodka aus Ludmillas Teeglas auf Lenin an. In der kleinen Stadt Kamyschlow verließen zwei Jäger mit kleinen Dackeln den Zug. Sie gingen, wie Iwan zu berichten wußte, in die sibirischen Wälder auf Zobeljagd, was bedeutet, daß sie wochenlang in völliger Wildnis in einem Jägerhäuschen leben und Fallen legen würden. Der Zobel ist eines der kostbarsten Felltiere, und die Jagd kann erst beginnen, wenn sich der Winterpelz voll entwickelt hat. Der Zobel war einer der großen Anziehungspunkte Sibiriens, und schon im 16. Jahrhundert überbrachten die sibirischen Sultane jährlich je tausend Zobel- und Eichhörnchenfelle dem Zaren von Moskau als Tribut für ihre Unabhängigkeit.

Unsere Gastgeber Iwan und Pjotr, im blauen Trainer mit dem Abzeichen der Moskauer Olympischen Spiele 1980, sind auf Dienstreise. Nach fünfeinhalb *sutok* Transsibirienfahrt, das sind jeweils 24 Stunden oder einen Tag und eine Nacht, werden sie Skorowodino im Amurgebiet erreichen und von dort per Flugzeug 250 Kilo-

Einsames kleines Haus an der TRANSSIB-Strecke

meter nordwärts zu ihrem Ziel Tynda fliegen. Dies ist eine neue Stadt, die offensichtlich im Zuge des BAM-Projekts entsteht. Als Bauleute und Verantwortliche eines Bausyndikats mit viertausend Arbeitern haben sie dort die Bauarbeiten zu überwachen. In Sibirien baue man das ganze Jahr hindurch, denn der Sommer dauere ohnehin nur etwa zwei bis drei Monate. Man baut bei fünfzig Grad unter Null Elementwohnhäuser, Zuleitungen und Straßen (letzteres ist mir gänzlich unverständlich). Nur Betonieren sei bei der Kälte nicht möglich. Da der sibirische Boden dort nur einen Meter tief auftaue, könne man auf Fundamente verzichten. Es kann aber vorkommen, daß durch die Hauswärme der Baugrund einseitig absackt. Deshalb werden bei mehrstöckigen Bauten Betonstützen mit heißem Dampf in den Boden getrieben, auf die dann das Haus gestellt wird. So kann der eisige Wind hindurchfegen und den Boden gefroren halten.

Gegen die große Kälte, die die Bauleute im Einflußgebiet der Lena schon im Oktober erwartet, haben sie sich gerüstet. Gefütterte Stiefel, dicke Fellmäntel, Pelzmützen und Handschuhe vom Format kleiner Bettflaschen führen sie mit sich. Nach einem etwa zweiwöchigen Einsatz wollen sie nach Moskau zurück, per Flugzeug, denn dann muß es schnell gehen, weil sie das Heimweh nach Frau und Kindern plagt. In der Hauptstadt sind sie am Bau des Olympiastadions beteiligt. Ihre Arbeiter werden teilweise in Tynda und Moskau eingesetzt, und es scheint so, als ob Pjotr, der Ingenieur, rangmäßig unter dem Baumeister Iwan steht. Pjotr begleitet uns auf Geheiß seines Chefs am nächsten Abend in Novosibirsk vor den Zug hinaus. Iwan, der gutmütige Russe mit der großen Seele, der *schirokaja duscha,* der am Vortag noch Kohle geschaufelt hat, um Ludmilla zu entlasten, hat sich eine Halsentzündung zugezogen und bleibt mit einem wollenen Schal um die schmerzende Stelle wortkarg in seiner Kabine zurück.

NOVOSIBIRSK

Erste Schritte auf sibirischem Boden

Intourist war auch in Novosibirsk zur Stelle, in der Person eines jungen Mädchens, das uns abends um 9 Uhr am Zug abholte und per Taxi in das älteste Gasthaus am Platze, ins Hotel Novosibirsk, brachte. Vielleicht wäre in solchen Situationen eine Organisation wie Intourist auch anderswo, wo Tourismus herrscht, für den Gast so willkommen wie für uns im nächtlichen Novosibirsk. Es blies ein kalter Wind durch die schon leicht vereisten Straßen, und ich hatte keinen weiteren Wunsch, als irgendwo, wo Licht und Wärme war, unterzuschlüpfen.

Die Registrierung im Hotel Novosibirsk ging rasch vor sich; die Dame am Empfangspult wollte ihren Feierabend haben. Türwächter wie in Moskau gab es nicht, und die Etagenfrau war gerade bei der Kollegin in der oberen Etage zu einer Plauderstunde. Wir schätzten das warme Bad und freuten uns auf einen Speisesaal, der Besseres erwarten ließ als wir es in der Eisenbahn gewohnt waren.

*

Essen gehen in Rußland

Das Prozedere im Restaurant, dem „gastronom", war überall gleich, in Moskau, in Novosibirsk und an allen unseren folgenden Aufenthaltsorten. In der vom Staat geführten Gaststätte dauert es erst eine Weile, bis dem Gast die Karte geboten wird. Dann wird man mit dieser allein gelassen, bis einem das Wasser im Munde zusammenläuft. Gewiegte Restaurantbesucher, wie wir es mit der Zeit wurden, beginnen zu rätseln, was von alledem wohl noch in der Küche vorrätig sei. Tatsächlich kommt die Serviertochter das zweite Mal zum Gast, um ohne viel Mitgefühl mit dem Hunger des Wartenden eine winzig kleine Auswahl aus dem Speisezettel anzubieten. In Novosibirsk waren es weichgekochte Eier – jaizo wsmjatku – mit Butterbrot.

Eine Alternative zum Restaurant ist das „bufet", das meist im Obergeschoß eines Hotels untergebracht ist und dann und wann kulinarische Überraschungen bereithält: Braten und Suppen, Kohlsalat und Kartoffeln schon zum Frühstück. Höchst angenehm am bufet-Betrieb ist, daß man die bereitstehenden Gerichte gleich auswählen kann, also mit keinen Streichungen rechnen muß. Allerdings ist das bufet nur dann geöffnet, wenn das Restaurant geschlossen ist.

„Der Kopf muß wissen, was die Hände tun“

Der Abend in Novosibirsk mit den weichgekochten Eiern hätte leicht verdrießlich ausfallen können; er wurde aber interessant. Der junge Bursche uns gegenüber füllt fürs erste unsere Gläser mit Champagner, stellt sich als Fjodor vor und lädt uns ein, sein Examen mitzufeiern. Er feiere ein Facharbeiterexamen – es ist das dritte in seinem Leben, das erst 23 Lenze zählt. Die russische Schule ist im ganzen Gebiet der UdSSR als Einheitstyp konzipiert. Sie nennt sich zehnjährige allgemeinbildende Schule und stellt mit dem für alle obligatorischen polytechnischen Unterricht eine klare Alternative zu westlichen Schulsystemen dar. Das Ziel der polytechnischen Ausbildung besteht darin, den Schülern die wissenschaftlichen Grundlagen in Mechanik, Optik, Elektrizitätslehre, Chemie und Physik und deren praktische Anwendung zu vermitteln (der Kopf muß wissen, was die Hände tun). Dadurch ist der Arbeiter verschiedenartig einsetzbar und relativ kurzfristig umzuschulen, je nach den Erfordernissen der Wirtschaft. Fjodor war erst Grundwasserbohrer, dann lernte er Elektrotechniker, immer gefolgt von ein paar Jahren praktischer Arbeit, und heute hat er seine Prüfung als Maschinenbauer bestanden. Die russische Berufsausbildung baut auf Kursen auf und kennt die praktische Handwerkerlehre in einem Betrieb nicht. Anderseits sind schon während der Schule Praktika in Industrie und Landwirtschaft üblich.

Fjodor spricht an diesem Abend kräftig dem Alkohol zu, doch seine reizende sechzehnjährige Freundin Natascha, die für diesen Abend die Haare besonders hübsch aufgesteckt hat, strahlt über den Erfolg ihres Freundes. Sie selbst lernt Krankenschwester in einem zweijährigen Kurs. Ihren Teller, mit Braten garniert, rührt sie nicht an, und auch an der langen Tafel nebenan läßt man die Mahlzeiten stehen und vergnügt sich beim Tanz zu Popmusik. Diese ist heute, nach anfänglichem Widerstand der Regierung, in der Sowjetunion überall gebilligt. Sie wird sogar durch Wettbewerbe im Fernsehen gefördert.

Es fällt immer wieder auf, daß bestimmte westliche Produkte und Lebensformen die jungen Leute faszinieren. So gehören Jeans mit aufgedrucktem Markenzeichen zum großartigsten Geschenk, das man einem Russen mitbringen kann. Wenn sich junge Burschen unbeobachtet fühlen, sprechen sie ungehemmt Touristen an und fragen nach Kaugummi oder Zigaretten. Auch einem Taxichauffeur kann man mit einem Päckchen westlicher Zigaretten als „Souvenir“ eine größere Freude machen als mit einem Rubel Trinkgeld. Diese bescheidenen Symbole von Wohlstand und Luxus vermögen die Jugendlichen für Momente etwas aus ihrem gleichgeschalteten Alltag herauszuheben.

Draußen auf der breiten Leninallee beschränkt sich das Leben auf ein paar eingemummte Gestalten, die auf den letzten Bus warten. Ein eisiger Wind wirbelt den federleichten, trockenen Schnee auf, der am Morgen auf Straßen und Plätze gefallen ist. Es ist der erste im Jahr, doch erst der dritte Schnee bringe den Winter.

Am nächsten Morgen ist das Straßenbild von Novosibirsk beherrscht von Pelzmützen: die Damen wetteifern mit Nerz, Rotfuchs, Silberfuchs und Wolf, alles möglichst hoch auf die Frisur getürmt. Die Männer tragen entsprechende Herrenmodelle mit Ohren- und Stirnschutz, und die Mädchen zeigen sich in gestrickten Mützen mit Schleifen von violett bis rot und grün gemustert, keine ganz gleich wie die andere. Alles geht gestiefelt, doch die wärmere Stiefelausführung aus Filz, auf Russisch „*walenki*" genannt, wartet noch im Schrank auf den „richtigen" Winter.

Transsib – eine gigantische Leistung

Die Geschichte von Novosibirsk beginnt mit dem Bau der Transsibirischen Eisenbahn im Jahre 1894, genauer mit der Eisenbahnbrücke über den Ob, der heute die Millionenstadt in zwei Hälften teilt. Er fließt breit und träge, wie alle russischen Ströme, in einem weiten Bogen durch die westsibirische Tiefebene ins Nördliche Eismeer. In Stadtnähe ist er zu einem riesigen See gestaut, dem Obschen Niederdruckwerk. An einem von der Stadt zugänglichen Stück des Seeufers werden die Strandkabinen vom Wind fast umgeworfen, und das Thermometer steht auf minus zehn Grad. Aber der Staudamm muß besichtigt werden. Das Intouristprogramm will es so. Denn für Sibirien sind Staudämme genauso wie Eisenbahnen ein Symbol russischer Überlegenheit. Sie versinnbildlichen die Macht des Menschen über die Natur und sind deshalb von ideologischer Bedeutung. Der Sowjetdichter Jewtuschenko nannte den Bratsker Staudamm einen Kilowatt-Tempel, und Lenin rief in seinem Drang, Rußland zu modernisieren, aus: „Kommunismus ist Sowjetmacht plus Elektrifizierung".

Der Bau der Transsibirischen Eisenbahn steht im Zusammenhang mit der wirtschaftlichen und politischen Entwicklung Rußlands. Sie entstand auch im Soge der kanadischen Pacific Line, die in den achtziger Jahren des letzten Jahrhunderts eingeweiht worden war. Rußland brauchte dringend einen eisfreien Hafen und eine Verbindung vom Ural zum Pazifik, die die Erschließung eines neuen Marktes möglich machen sollte: China. Auch sollte der Warenaustausch mit Sibirien Rußlands Hungersnöte mildern helfen. Als der mit dem Eisenbahnbau betraute Thronfolger Nikolaus im Jahre 1891 den Grundstein zum Bahnbau in Wladiwostok am Ussuri gelegt hatte, reiste er durch ein blühendes Sibirien heim in ein hungerndes Rußland. Die herrschende Dürre diesseits des Urals trieb die Verwirklichung des Bahnprojekts voran.

Die Ussuristrecke von Wladiwostok bis Chabarowsk war schon weit gediehen, als mit der Transsibirienlinie begonnen wurde, und zwar an fünf Stellen zugleich. Als eigentliche Transsibirienstrecke wird das über 4000 Kilometer lange Stück zwischen

Ural und Chabarowsk bezeichnet. Die Stadt Chabarowsk am Amur gehört schon zum russischen Fernen Osten.

Das Teilstück von Tscheljabinsk an der Ostflanke des Urals durch die westsibirische Tiefebene – mit einer Nord-Süd-Ausdehnung von 2500 Kilometern eine der größten Ebenen der Welt – bis zum Ob gab nicht viele Erschwernisse auf. Die Steine zum Bahnbau mußten allerdings aus den Flußbetten von weither geholt werden. Von Novosibirsk bis Irkutsk führte die Strecke vorwiegend durch die Taiga, ein Waldesdickicht, von dem heute von der Bahnlinie aus nichts mehr zu sehen ist. Für Rodungen der Taiga, so sagt man, werden auch heute noch Verbannte eingesetzt. In diesem Gebiet sei vor allem die Eisschmelze im Frühling verheerend gewesen und habe jeweils zu monatelangen Baustops geführt.

Die Gebirgsstrecke hinter dem Baikalsee erwies sich als besonders arbeitsintensiv, und auf das letzte Zwischenstück von Sretensk im Tal der Schilka bis Chabarowsk wurde einstweilen verzichtet, nachdem 1897 eine hundert Kilometer lange Schienenstraße überschwemmt und weggerissen worden war. Man behalf sich mit dem Schiffsweg auf Schilka und Amur, die jedoch halbjährlich zugefroren sind, und wich später auf die ebenfalls unter russischer Regie gebaute und betriebene Mandschureilinie aus.

Baumeister und Organisator des gigantischen Eisenbahnbaus hinter dem Ural war der aus der russischen Beamtenaristokratie hervorgegangene Sergei Juljewitsch Witte. In Zar Alexander III, der 1894 auf dem Thron durch Nikolaus II abgelöst wurde, fand Witte die nötige Unterstützung. Ein Heer von Strafgefangenen und Verbannten stand ihm für die Bauarbeiten zur Verfügung. Die Bahn nahm 1898 ihren Betrieb auf.

In Akademgorodok wohnt die Elite der Wissenschaft

„Wir lieben den Winter", sagt unsere Intouristbegleiterin, die ihren Pelzhut immer wieder zurechtrückt, während wir in ansehnlichem Tempo über die Glatteisstraße von Novosibirsk nach der zwanzig Kilometer entfernten Akademikerstadt hinausfahren. Der sibirische Winter ist von keinen Warmlufteinbrüchen unterbrochen, sondern stetig trocken und kalt und deshalb gesund.

Akademgorodok ist eine Satellitensiedlung im Birkenwald. Sie beherbergt die Forscher mit ihren Familien, etwa 40000 Einwohner, sowie ein Institutsgelände für Polarmedizin, Geologie, Agronomie, Forstwirtschaft und die Nutzung der Bodenschätze in diesen nördlichen Breiten. Sibirien macht ein Drittel der Gesamtfläche der UdSSR oder drei Millionen Quadratkilometer aus. Mathematik, Physik und Raumfahrtwissenschaft sind höhere Forschungsgebiete, zu denen nur eine Akademikerelite nach strengen Ausscheidungskriterien zugelassen ist: Akademgorodok gehört zur Akademie der Wissenschaften der UdSSR.

Unsere Begleiterin ist Lektorin für deutsche Sprache und russische Literatur an der philosophischen Fakultät in Novosibirsk. Ihr Deutsch ist korrekt und fließend, was umso erstaunlicher ist, als sie nie einen Auslandaufenthalt ermöglicht bekam. Sie wirkt ansteckend in ihrer Begeisterung für Sibirien und seine Hauptstadt. Tatsächlich hat Novosibirsk, wo 1914 die ersten Arbeitersiedlungen der Sowjetunion entstanden, bis heute etwas Pionierhaftes bewahrt: von seinen Forschungsstätten aus wird die Nutzung der Wasserkraft und der Bodenschätze (Kohle, Gold, Diamanten, verschiedene Erze, Erdöl und Erdgas) wissenschaftlich dirigiert.

Daß zu Gunsten der Wissenschaft und der Schwerindustrie die Landwirtschaft vernachlässigt worden ist, daß die Bauern im Vergleich zu den Technikern viel weniger verdienen, gibt unsere Fremdenführerin offen zu. „Wir sind im Aufbau begriffen und können nicht alles auf einmal bewerkstelligen." Wer in Sibirien lebt, bekommt je nach Breitengrad eine zehn- bis zwanzigprozentige Lohnzulage, und wer in der Sparte des Bergbaus oder der Bauwirtschaft tätig ist, schwingt mit seinen Löhnen weit oben aus. Weit unter den Arbeitern sind die Akademiker lohnmäßig eingestuft; es ist wie in der freien Wirtschaft eine Auswirkung von Angebot und Nachfrage. Unsere Dame von Bildung ist aber ganz der Meinung, ihre Arbeit sei um einiges weniger anstrengend als die eines Arbeiters, und deshalb findet sie ihren minderen Lohn nur gerecht. Vom Akademikerdünkel, wie er in Westeuropa vorherrscht, ist hierzulande nichts zu spüren, und die Solidarität unserer Gesprächspartnerin mit ihrer engeren Heimat hat etwas Überzeugtes an sich. Wir haben mehr als einmal festgestellt, daß die Menschen dort das Leben in den sibirischen Städten und in der großen Natur schätzen und um keinen Preis ihre relative Ungebundenheit gegen das überzivilisierte und überbürokratisierte Leben in Moskau eintauschen wollen. Für den echten Sibiriak ist dies das Land der unbegrenzten Möglichkeiten, und so erstaunt es auch nicht, daß in den Kaufhäusern das Warenangebot reicher und die Warteschlangen kürzer sind als in der Metropole.

*

Der russische Buchladen

Wenn auch die Einkaufsmöglichkeiten in der Sowjetunion absolut nicht vielversprechend sind, so gibt es doch etwas Bemerkenswertes: In jeder größeren Stadt befindet sich eine Buchhandlung, in der für wenig Geld Bücher in verschiedenen Sprachen erstanden werden können. Es handelt sich dabei nicht etwa ausschließlich um gesellschaftswissenschaftliche Schriften, sondern mitunter auch um Klassiker, die neu herausgegeben worden sind. Die Druckwerke stammen meist aus Druckereien und Verlagen der Satellitenstaaten und sind deshalb außerordentlich preisgünstig. Wer im Reisegepäck genügend Platz zur Verfügung hat, kann sich beispielsweise mit den Gesammelten Werken des Theodor Storm eindecken. Die Auswahl ist nicht überwältigend, aber doch überraschend. Wer sich für die

Kleines sibirisches Dorf in unmittelbarer Nähe der Bahnlinie. Ein solches Häuschen bewohnt auch Tatjana in Novosibirsk

Beim Besuch in seinem Holzhaus in Novosibirsk kramte Iwan dieses Erinnerungsfoto aus der Polarjägerzeit hervor

Reise nicht mit zuviel Gewicht belasten will, dem steht es sogar frei, die Bücher für wenig Porto an seinen Wohnort im Ausland per Post schicken zu lassen. Interessant dabei ist, daß man die Bücher nicht einmal selbst einzupacken braucht. Aus Kontrollgründen wird dies vom Hotel- oder Postpersonal persönlich besorgt.

Zu Gast im sibirischen Holzhaus

Novosibirsk ist eine Stadt mit breiten Straßen, mit Leninplatz und Arbeiterdenkmal, mit schmucklosen Wohnblocks, die mehr und mehr die alten Holzhäuschen verdrängen, „weil sonst die Stadt ins Unendliche wächst". Hier wie überall in der Sowjetunion macht sich ein Trend bemerkbar, daß die Leute die Tannenriemenhäuschen vorziehen, in denen die Fenster mit weißen, geschnitzten Rahmen eingelassen sind und den einzigen Fassadenschmuck darstellen.

Ein solches Haus bewohnt die Coiffeuse des Hotels, bei der ich am Morgen eine Haarwäsche mit Wasser aus dem Samowar bekomme, weil gerade in dem Moment eine Panne in der Wasserversorgung auftritt. Man weiß sich wohl zu helfen, es scheint eine alltägliche Angelegenheit zu sein. Boris, der *master,* wie der Herrencoiffeur auf Russisch heißt, rasiert meinen Mann mit größter Perfektion, während ich mich mit Tatjana bestens unterhalte. Sie wohnt in einem der alten Holzhäuser, die von außen so hübsch aussehen, und ich gestehe ihr, daß ich gerne einmal eines von innen sehen möchte. Wir werden zu unserer Überraschung eingeladen, zu den beiden nach Hause zu kommen. Um sechs Uhr sollten wir uns bereithalten, um abgeholt zu werden.

Tatjana Iwanownas Wagen ist eines der üblichen Modelle russischer Herstellung. Ein schwarzer „Wolga", nur auf einer Seite zu öffnen, weil eine Türe defekt ist. Wir fahren zur Stoßzeit durch die nächtlichen Novosibirsker Straßen, deren Einbahnsystem uns zu längeren Umwegen zwingt. Wenn angehalten wird, ist es nicht, weil man auf eine Kolonne aufgefahren ist, sondern wegen Schlaglöchern und Frostschäden. Das letzte Wegstück führt über eine Naturstraße, und über eine Böschung erreicht man das Eingangstor des Lattenzauns.

Das Haus betritt man durch einen Vorraum, der viel breiter ist als ein Hausflur und Platz bietet für Schlitten, Stiefel und Sommergartenmöbel. Vielleicht werden hier auch Vorräte gelagert. Vor allem aber bewirkt dieser Vorraum eine ausgezeichnete Wärmeisolation. Durch eine Tür erreicht man den Wohnteil und steht nach einer offenen Garderobe direkt in der wunderbar warmen, hellen Küche mit einem gemauerten, rosa getünchten Ofen und einer Feuerstelle auf Kochherdhöhe. Der Rauchfang setzt sich in gleicher Breite oben fort und gibt Wärme in Stube und Schlafzimmer ab, die ohne Tür ineinander übergehen. Nur das Zimmer der Großeltern, das der Küche gegenüberliegt, scheint abschließbar zu sein. Für den strengen Winter ist ein gleicher, wandhoch gemauerter Ofen in der Stube heizbar; er wird mit Kohlenbriketts angefeuert.

Die Babuschka erinnert an eine italienische Nonna; sie hantiert mit Teig und Mehl auf einem sauber aufgeräumten Holztisch, formt kleine Kugeln aus einer Hackfleischmasse, die sie in kleine Teigtaschen einpackt und in die Brühe gibt, die auf dem Feuer köchelt. Was sie zubereitet, sind *pelmeni*, die russische Art der Tortellini in brodo. Wenn man die roten Pfefferschoten sieht, in einem Netz aufgehängt, und die eingemachten Pilze, so fühlt man sich vorerst gar nicht in einer sibirischen Küche, sondern in einer italienischen.

In der Stube ist das zehnjährige Töchterchen gerade damit beschäftigt, die festliche Tafel herzurichten. Es kommen drei Gläser an jeden Platz; eines für Portwein, eines für Wodka und das dritte für Bier, und alles wird durcheinander getrunken. So reichhaltig wie das Getränkeangebot ist auch das Essen, das sich aus vielen kleinen Schälchen und Platten zusammensetzt, deren Inhalt zum Hauptgericht, der schon beschriebenen Suppe, gegessen wird: weißer Rettich, fein geraffelt, in einer Rahmsauce, Tomatensalat mit Zwiebelringen und geschlagener Sahne, und Schwarzbrot zur russischen Salami. Während die fast zahnlose Großmutter die Suppenschüssel ständig nachfüllt und uns mit einem russischen Sprichwort *„ne kuschajete, a jeditje!"* (nicht nur kosten, sondern essen wie ein Arbeiter!) zum Zugreifen auffordert, kramt Großvater Iwan in alten Lebenserinnerungen, die er mit leisem Pathos vorträgt.

Iwan gehört der Arbeitergeneration der zwanziger Jahre an, er erlebte in Novosibirsk die Krise und eine schwere Hungersnot, die ihn im Jahre 1937 zur Auswanderung zwang. Er zog Tausende von Kilometern gegen Nordosten nach Anadyr, Hauptstadt des Nationalkreises der Tschuktschen. Obwohl die Küstenstadt Anadyr unweit des nördlichen Polarkreises liegt, sind dort die Winter weniger kalt als in Sibirien. Die warmen Winde aus Japan beeinflussen die Temperatur. Iwan arbeitete in der Kohlenzeche, was er aber nur nebenbei erwähnt. Viel wichtiger für ihn war der Lachsfang in der Beringsee und die Wildgansjagd mit Schlitten und Polarhunden. Seine Familie brauchte nie zu hungern. Tatjana ist stolz auf ihren Vater und illustriert seine Erinnerungen mit alten Fotos.

Tatjana kam vor zehn Jahren nach Novosibirsk, die Eltern zogen nach, nachdem sie das Pensionsalter erreicht hatten. Mit ihrem Ersparten und ihrer Pension, *pensja* genannt, kauften sie das Häuschen für zweitausend Rubel, und sie kommen auch für die jährliche Zinszahlung von 32 Rubeln für den Boden auf, denn in Rußland ist man nur Eigentümer des Hauses, der Boden aber bleibt Staatsbesitz. Babuschka Irina fügt stolz hinzu, daß auch das Auto ihr Geschenk an die Familie sei.

Im anregenden Gespräch erweist sich, daß Iwan nicht nur Bergarbeiter und Polarjäger ist, sondern als einfacher Mann auch ein Kenner der russischen Literatur, und er strahlt über sein ganzes bärtiges Gesicht, als wir ihm eine starke Ähnlichkeit mit Tolstoj attestieren. Er verehrt ihn. Zum Abschied überreicht uns Tatjana einen Gedichtband von Sergei Jessenin, der in den frühen Zwanziger Jahren schrieb und heute neu verlegt wird. Jessenin ist ein glühender Verehrer der russischen Erde.

Ein Platz am Tisch ist lange leer geblieben, und erst in tiefer Dunkelheit kommt der achtjährige Cyrill von der Schule nach Hause. Er ist in der Nachmittagsklasse eingeteilt, während die um ein Jahr ältere Nina am Morgen Unterricht hat. Durch diesen Schichtbetrieb wird die Raumnot überbrückt. Kurz vor unserem Aufbruch hat sich noch eine Nachbarin mit ihrem kleinen Töchterchen zugesellt, und während uns der stets schweigsame Boris und die vitale Tatjana erst zum Hotel und von dort zusammen mit der Intouristdame, die pünktlich bereitsteht, zum Bahnhof begleiten, bin ich in Gedanken immer noch in der gemütlichen Novosibirsker Holzstube, in der es warm ist, obwohl der Winterofen noch nicht in Betrieb ist. Ich sehe vor mir die beiden Schnapsflaschen, so groß wie Aquarien, in denen durch Katalysatoren an der Stubenwärme in langsamem Prozeß die Hausmarke, ein Beerenschnaps, erzeugt wird. Das Klavier symbolisiert gehobenen Standard, und die Teppiche an der Schlafzimmerwand tragen zur Wohnlichkeit bei. Früher waren es wohl echte, handgeknüpfte aus Taschkent oder Buchara, heute behilft man sich mit maschinengewobenem Ersatz.

*

Beriosa die Birke – Berioska der Devisenladen

Beriosa, die Birke, liebt den sauren Boden. Sie gedeiht in den vegetationsärmsten Gebieten. Sie tritt hochgewachsen wie zwergförmig auf, in Reih und Glied oder als Wald, durchsetzt mit Kiefern. Die Russen haben eine sentimentale Beziehung zu diesem Baum, der ihnen mit dem ersten Grün den Frühling anzeigt und den Herbst golden einläutet. Ihre Friedhöfe legen sie am liebsten in Birkenwäldern an, denn sie fühlen sich in ihrem lichten Schatten tröstlich aufgehoben.
Berioska, kleine Birke, heißen in Rußland die Devisenläden, die praktisch zu jedem Hotel gehören. Verkauft werden in den Berioskageschäften neben Schnäpsen und Zigaretten bemalte und lackierte Holzdosen, Blumentabletts, aber auch geblumte Kopftücher und Pelzmützen, also einheimische Arbeit. Man bezahlt in Fremdwährung, und Rußland ist das einzige Land, das ohne Umrechnung über den Rubel auch wieder Fremdwährung herausgibt, allerdings manchmal nicht die gewünschte. Das hängt ganz vom Wechselgeld in der Kasse ab. Es kann ohne weiteres vorkommen, daß man mit Dollars bezahlt und mit Schwedenkronen in der Tasche wieder aus dem Laden geht.

Die gestrenge Schaffnerin Nina während eines Halts

NOVOSIBIRSK – IRKUTSK

Die „innere Uhr“ läuft nicht schneller

Das Teilstück Novosibirsk – Irkutsk dauert zwei Nächte und einen vollen Tag und führt von der westsibirischen Tiefebene, an deren Ostrand sich Novosibirsk befindet, durch zunehmend hügeligeres Land. Man überquert den Jenissej bei Krassnoyarsk und folgt im letzten Teil vor Irkutsk auf einige Kilometer Distanz dem Lauf der Angara. Das sind zwei der bekanntesten sibirischen Ströme, die sich in Bratsk vereinigen, doch häufiger begleitet oder überquert der Zug Gewässer, die auf der Karte nur als winzige Strichlein angedeutet oder überhaupt nicht aufgeführt sind.

Tatsächlich aber sind auch diese meist breiter als Rhein und Donau. Die Birken sind hier zwergwüchsig und struppig wie in den höheren Alpenregionen, die Holzhäuser bunt gestrichen. Häufig ist ein lichtes Blau die Hausfarbe.

Nina, unsere neue *prowodniza,* nimmt ihre Arbeit genauer als die beiden Schaffnerinnen auf der ersten Teilstrecke. Seit über zwanzig Jahren versieht sie mit ihrem Mann den Zugdienst auf der Transsibirienstrecke – sie kennt sie im Schlaf. Auch Ninas beide erwachsenen Söhne sind bei der russischen Eisenbahn, den *schelesnye darogi,* angestellt, der eine als *pomoschtschik,* das heißt als Führergehilfe auf Kurzstrecken. Häufig sind ganze Familien in diesem Zweig tätig, und in den Schaffnerdienst teilen sich außer Ehepaaren nicht selten Vater und Sohn. Nina verbirgt ihre Herzlichkeit hinter einem trockenen Lachen. Nur einmal geht sie aus sich heraus, als ein Ziegenbock auf einer Station gemütlich zwischen den Schienen spaziert. Hätte ihn die Unerschrockene nicht bei den Hörnern gepackt, wäre die Abfahrt noch eine gute Weile nicht möglich gewesen.

Nina gab auf jeder Station die Haltezeit genau bekannt, wurde unruhig, wenn ihre Passagiere nicht rechtzeitig zustiegen. Sie pflegte die Emailtafel mit dem Namen „Rossja“ mit einem Tuch zu polieren, und sie unterließ es nie, bei Abfahrt des Zuges dem Bahnhofsvorstand das gelbe Fähnchen vorzuweisen, das sie in ihrer Tasche stets eingerollt bei sich trug. Auch bei allen Bahnübergängen sieht man die Barrierenfrauen mit dem gelben Fähnchen die Durchfahrt freigeben; das rote wird gezeigt, wenn irgendein technischer Defekt vorliegt.

Am vierten Reisetag macht sich Schlaflosigkeit bemerkbar, die die Fahrt gegen Osten mit sich bringt. Weil man jeden Tag eine Stunde verliert, stehen unsere Uhren erst auf abends acht Uhr, während die Ortszeit schon Mitternacht anzeigt. Wenn man die Nacht nicht zum Tag werden lassen will, was wegen der faszinierenden

Aussicht aus dem Zugfenster schade wäre, muß man ins Bett, auch wenn man noch nicht müde ist.

Roland, ein junger Deutscher, der seit Novosibirsk das gleiche Reiseziel hat, weiß Rat gegen die ihm schon aus Amerika bekannte Schlaflosigkeit beim Reisen in Richtung Osten: Eine Nacht lang durchfesten. Dazu hat er Gelegenheit bei unserem nächsten Halt in Irkutsk, wo er in einem Nebenraum der Hotelhalle von Russinnen eifrig zum Tanz aufgefordert und anschließend auf ein Zimmerfest eingeladen wird. Roland übersteht alles so gut, daß ihm am nächsten Tag nichts anzumerken ist. Die kalte sibirische Luft vertreibt jede Müdigkeit.

Noch ein deutscher Passagier ist „an Bord“. Es ist ein bekannter Reiseschriftsteller und weitgereister Routinier, und kurz nach der Begrüßung weiß schon der ganze Wagen Nummer 10, daß es sich um Hans-Otto Meißner handelt, der die Reise in seinem Buch „Die längsten Eisenbahnfahrten der Welt“ beschreiben will. Er spricht zwar kein Russisch, versucht sich aber auf seine Weise mit den Russen zu verständigen, was nicht selten kleine Mißverständnisse auslöst. Der Reiseautor ist ein freundlicher Begleiter, um kein Gesprächsthema verlegen, und er wirft immer wieder wertvolle geographische und kulturhistorische Hinweise in die Diskussion. Er kennt die Südsee genauso wie Alaska, das von Sibirien aus erobert, besiedelt und schließlich für 3,7 Millionen Dollar an Amerika abgetreten worden ist. Hans-Otto Meißner hat auf der Sibirienfahrt ein bißchen Hunger gelitten und ist um einige Kilo leichter geworden. Wenn wir uns mit einer Omelette und Schwarzbrot begnügten, schwärmte er von der nouvelle cuisine, deren Liebhaber er ist. So groß seine Enttäuschung über den kulinarischen Aspekt der Reise war, so geehrt fühlte er sich, als der ebenfalls in unserem Waggon reisende russische Oberst ihm beim Besteigen des Zuges die Gepäckstücke abnahm.

Der östlichste Militärstützpunkt wird Irinas neue Heimat

Der Oberst, der es sich in der Eisenbahn gemütlich macht und seine Uniform nur auf den Stationen anzieht, ist in Wladiwostok stationiert, jenem östlichen Militärstützpunkt, der für ausländische Touristen gesperrt ist. Er reist mit seiner Frau, die die Strecke auch einmal per Eisenbahn erleben will. Frau Irina hat etwas liebenswert Kultiviertes an sich, mit dem aufgesteckten, blonden Haar, der properen Straßenbekleidung und den Lederstiefeln, die sie nie auszieht.

Das Ehepaar stammt aus Kjew, und der Umzug nach dem Fernen Osten erfolgt ohne die beiden Töchter, die bei den Großeltern zurückgeblieben sind. Man wird sich gegenseitig in den Ferien besuchen. Wieviele Jahre ihr Aufenthalt in Wladiwostok dauern wird, weiß Irina noch nicht, was sie ganz natürlich findet. Am neuen Wohnort wird sie übrigens im Spital als Anästhesistin tätig sein. Ihr Beruf scheint mit ein Grund zu sein, daß der Umzug in ihrem Leben weniger einschneidend wirkt als bei einer

Hausfrau, die sich am neuen Wohnort mit den alltäglichen Dingen für Kinder und Mann viel intensiver beschäftigen muß. Irina wird sich an neue Mitarbeiter gewöhnen müssen, doch bleibt ihr Fachgebiet dasselbe. Um eine Wohnung und die Einrichtung hat sie sich nicht zu kümmern, denn Vater Staat wird eine Dienstwohnung zur Verfügung stellen, und die Mahlzeiten werden beide an ihrem Arbeitsplatz einnehmen. Irina, die ein wunderbares Russisch spricht, hat auf die Reise keine Fotos ihrer Kinder mitgenommen, aber zwei Briefmarkenalben – das Produkt einer über vierzigjährigen Sammlertätigkeit.

Irinas Album ist nicht das eines üblichen Philatelisten, der auch tauscht, verkauft und spekuliert. Irina schert sich nicht um die Seltenheit einer Briefmarke, um Ausgabedatum oder Poststempel – ihre Marken sind gar nicht gestempelt. Ihr Album ist vielmehr eine Bildergalerie mit Werken von Boticelli, El Greco bis Vlaminck, von alten und modernen russischen Meistern, von der holländischen und flämischen Schule. Sie weiß von jedem Werk, wann es entstanden ist und welches Museum es heute beherbergt. Reisen in ausländische Museen sind ihr versagt, um so besser kennt sie jene von Leningrad und Moskau. Marke für Marke wird eingehend betrachtet und besprochen, und während Irina über den historischen oder volkskundlichen Hintergrund der dargestellten Szenen aus dem vor- und nachrevolutionären Rußland ausholt, entschwinden die letzten Ausläufer des nordmongolischen Altaigebirges unseren Blicken.

Eine Briefmarke mit Ausgabedatum 1978, wie sie in Irinas Album zu finden sind: von B. M. Kustodjef „Bolschewik", 1920

Russisch-orthodoxe Kirche in Irkutsk, in der sonntags ein Gottesdienst stattfindet

IRKUTSK

Verbannungsort der Adeligen

Am folgenden Morgen um acht Uhr verläßt in Irkutsk mit uns Touristen ein russisches Ehepaar den Waggon Nummer 10 des Rossja. Nina Fonowa und ihr Mann ziehen um, von Swerdlowsk nach Irkutsk. Den Hausrat haben sie drei Tage im voraus mit einem Frachtzug befördern lassen. Warum sie von ihrem alten Wohnort wegziehen, erfahre ich nicht, jedenfalls ist es für die Frau ein Abenteuer ins Ungewisse, während der Mann die Stadt aus seiner Kindheit kennt. Nina ist nicht begeistert über ihren Domizilwechsel, und sie verbirgt ihre Enttäuschung über die hiesigen Verhältnisse nicht. Lieber hätte sie sich in der Nähe ihrer Tochter in Novosibirsk niedergelassen, doch gebe es da keine freie Wohnung, was sie dem Staat schwer ankreidet. Schließlich seien sie doch beide Spezialisten, er Maurer, sie Näherin. Außerdem tauge ihr Mantel nichts, die Schuhe seien nach einem Jahr dahin – wo bleibe da die Qualität? Wenn Nina ihr Leid klagt, dämpft ihr Mann kopfschüttelnd.

Auf der Reise vergißt man oft die Wochentage. So stellen wir erst im Laufe des Tages fest, daß in Irkutsk Sonntag ist. Es findet in einer der drei Barockkirchen sogar ein russisch-orthodoxer Gottesdienst statt, dem wir auf unserer Stadtrundfahrt eine Zeitlang beiwohnen. Der junge Pope läßt seine sonore Stimme in schönem Wechselgesang mit dem Frauenchor hören. Alte Weiblein stecken Kerzen vor die aufgestellten Ikonen, die Luft ist weihrauchgeschwängert. Unsere junge Intouristführerin hat aber weder von dem hierarchischen Aufbau der russisch-orthodoxen Kirche, noch von der Bibel eine Ahnung.

Besser im Bilde ist sie über die historische Vergangenheit von Irkutsk, die sich gleich draußen im Kirchhof an drei Grabsteinen ablesen läßt: Graf Schelichow liegt hier begraben, der von Irkutsk aus Alaska eroberte, sowie Prinz Trubeschkow und seine Gemahlin. Die Trubeschkows erinnern an ihre über hundert Schicksalsgenossen, die Dekabristen, die als politische Gegner des Zaren Nikolaus I von 1825–1856 nach Sibirien verbannt wurden. Sie hatten sich am Offiziersaufstand im Dezember 1925 auf dem Senatsplatz in Petersburg beteiligt und die Aufhebung der Leibeigenschaft sowie die Einführung einer Verfassung gefordert. Die Dekabristen – der Name leitet sich von russisch *dekabr,* Dezember her – waren meist Angehörige des vornehmen russischen Adels. Sie gingen über die Straße der Verbannung ins Exil, und die Reise dauerte Monate, wenn nicht Jahre. Auch Dostojewski ist ein Stück weit auf dieser Straße in die Verbannung gegangen – bis hinter den Ural. Die heutigen Orte der Verbannung liegen weiter nördlich – es werden keine Namen genannt; doch würden für den Transport der Verbannten moderne Verkehrsmittel eingesetzt. Soviel weiß auch unsere Fremdenführerin.

Ironie des Schicksals: Irkutsk gefiel den sibirienverbannten Adeligen so gut, daß sie ihre Frauen und Kinder nachkommen ließen. Das kleine Irkutsk, damals ein Karawanenumschlagplatz für den Handel durch die Monoglei nach China, nahm als Ausgangspunkt für die geographische Erforschung Sibiriens neuen Aufschwung, der sich auch städtebaulich niedergeschlagen hat. Mit Stolz führt Intourist dem Fremden den gepflegten bürgerlichen Stil seiner Herrschaftshäuser aus dem 19. Jahrhundert vor. Irkutsk gefällt sich sogar, ein ,,Weißes Haus" zu besitzen.

Sonntags wird von jungen uniformierten Burschen und Mädchen, den besten Komsomolzen der Stadt, das Denkmal der Kriegsgefallenen militärisch bewacht.

Komsomolzen bei der Wachablösung vor dem Denkmal der Kriegsgefallenen in Irkutsk

Auf dem Vogelmarkt gibt es nicht nur Vögel

In einem anderen, weniger repräsentativen Viertel der Stadt wird übers Wochenende der Vogelmarkt abgehalten, *ptitschny* rynok. Gegen Sonntagnachmittag ist zwar nur noch mäßig Betrieb, aber wer immer dabei ist, als Verkäufer, Käufer oder Zuschauer, trägt ein Gesicht ohne Maske. Man ist gesprächig, ohne daß zuerst das Eis gebrochen werden muß.

Ausgeharrt bis zum Nachmittag haben vor allem die Besitzer von Aquarien mit kleinen Zierfischen – drei Rubel das Paar bis zu zwölf Rubel das Stück. Ein Käufer zieht ein Konservenglas aus der Rocktasche und läßt sich für zwanzig Kopeken Fischfutter einfüllen, einen Knäuel weißer Fadenwürmer. Ein Vogelfänger, der vor

„Plitschny rynok“, der Vogelmarkt, Sonntagsvergnügen in Irkutsk. Es werden aber auch Fische und andere Kleintiere gehandelt

verschiedenen selbstgemachten Käfigen am Boden kauert, hält Rotbrüstchen und Finken feil. Eine Frau kauft drei Vögel und versorgt sie in einem Plastiksack mit Luftlöchern für den Heimweg. Daß dabei einer wegfliegt, wird kaum zur Kenntnis genommen.

Eine Verkäuferin will ihre letzten drei Kaninchen loswerden, was sie lauthals verkündet. Doch wohin damit, meint ein Herzugetretener und mißt mit den Händen etwa einen Meter ab. So groß werden die Kaninchen in wenigen Wochen. Er müßte sein Haus erweitern, meint er belustigt. Kaninchenbraten ist in Rußland eine beliebte Speise. Für zwölf Rubel hat eine Mutter ihrem Knirps ein Hündchen gekauft, das von diesem wie eine Puppe über die Schulter getragen wird. Beide freuen sich offensichtlich über den Familienzuwachs. Während allmählich die Aquarien in kleine Koffer verpackt und so von ihren Besitzern im Autobus oder Taxi nach Hause befördert werden, enthüllt mir ein junger Mann mit Béret ein weiteres Warenangebot: selbstgesuchte Steinpilze an einer Dill- und Kräutersauce, in Gläser eingemacht. Er ist Arzt und durchschaut meine Neugierde. Ob als Resultat wohl ein Artikel in der New York Times erscheine, der die Russen als närrische Tierfanatiker hinstelle? Es sei ihr Hobby und als solches doch sicher besser als Wodkatrinken.

Ich kann mir schlecht vorstellen, wie man den hier manifestierten Ausdruck von Lebensfreude falsch verstehen kann und freue mich ein wenig über die Löcher im Zensurapparat. Selbst in Ostsibirien weiß man, was in der New York Times steht.

Am Baikal sind warme Stiefel und Konserven höchstes Gut

Er kann wild sein wie ein Meer, sagt unsere Intouristführererin, und im Tauwetter des Frühlings krachen die Eisschollen so laut aufeinander, daß sie ein Flugzeug übertönen. Urwüchsige Kraft zeichnet auch die sibirischen Menschen aus. Die Seeuferbewohner, vor allem Jäger und Fischer, leben mit der Einsamkeit. Im Ortsladen wird außer warmen Filzstiefeln und Konserven wenig angeboten, und in der kleinen Apotheke bereitet es dem jungen Mädchen mit dem weißen Häubchen Mühe, mir ein Stück Watte zu verkaufen. Bemerkenswert aber ist das etwa schulzimmergroße Ortsmuseum, das die Tierwelt zu Wasser und zu Land vorstellt: Als Unikum den in etwa 1300 Meter Tiefe lebenden Ölfisch. Er ist etwa zwei Hände lang, albinoweiß und zerplatzt an der Wasseroberfläche zu einem Ölfleck. Man findet am Baikal die einzigen in Süßwasser lebenden Seehunde. Der See ist in Größe und Form vergleichbar mit dem Tanganjikasee, mit dem einzigen, allerdings wesentlichen Unterschied, daß der Baikal dank seinem kristallklaren Wasser bis auf den Grund in 1600 Metern Tiefe belebt ist. Internationale Forscherteams beschäftigen sich schon seit Jahren mit seiner Biologie.

Neben ausgestopften Pelztieren – Irkutsk birgt die Hauptsammelstelle aller sibirischen Pelze, und in seiner Umgebung gibt es mehrere Nerzfarmen – liegen Proben von Bodenschätzen wie Glimmer, Nephrit und pastellfarbener Marmor. Erst zurück im Hotel Angara fällt mir auf, daß die Halle mit rosarotem Marmor verkleidet ist.
Die Transsibirienstrecke war zwar im Jahre 1898 fahrbereit, doch mußten die Züge auf Fährdampfer verladen werden, um den Baikalsee zu überqueren. Im Winter sollen die Schienen sogar über den zugefrorenen See verlegt worden sein. Erst 1916 wurde die Linie um das Südende des Baikals ergänzt. Im Jahre 1937 wurde mit dem Bau eines zweispurigen Trasses begonnen, was bis Ende des Zweiten Weltkriegs dauerte. Man baute für jede Richtung eigene Brücken über die Flüsse. Sie werden auch heute noch militärisch bewacht. Während die Bahn von Moskau bis Irkutsk elektrifiziert ist, übernehmen von da an in Richtung Osten Dieselloks die Führung. Im südlichen und östlichen Teil des Baikalsees sind derartige Höhen zu überwinden, daß zwei und zum Teil sogar drei Lokomotiven vorgespannt werden müssen.

BAM und TURKSIB: Ökonomisch und strategisch wichtig

Der Strom von Frachtgütern über die Transsibirienstrecke ist enorm. Seit 1974 verstärkt er sich noch durch die Frachten, die für den Bau der neuen Bahn Baikal–Amur–Magistrale (BAM) bestimmt sind. Die BAM zweigt ca. 300 Kilometer westlich von Bratsk, bei Taischet, ab, umfährt den Baikalsee im Norden und führt über 3000 Kilometer ostwärts nach Komsomolsk am Amur. Von hier ist der Weg zum Pazifik

Typisches Industriegelände, wie man es auf der TRANSSIB-Strecke immer wieder antrifft

bereits offen, einerseits zum Sowjetskaja Gawan sowie nach Nachodka und Wladiwostok, den beiden eisfreien Häfen.

Der Bau der BAM stellt ein neues gigantisches Projekt dar. „Wenn es für diese Projekte kein Sibirien gäbe, müßte die Partei es erfinden", meinte einmal ein junger sowjetischer Wirtschaftswissenschaftler. Jede Generation hat ihr großes sibirisches Projekt. Zuerst war es die Bratsk-Generation. Jetzt soll es die BAM-Generation sein. Die Schwierigkeiten, die zu überwinden sind, sind vielfältig. Es müssen sieben Gebirgsgrate überwunden und eine Vielzahl von Flüssen überquert werden. Einige Brücken erfordern Spannweiten von bis zu 300 Metern. Die Bauarbeiter müssen mit den Schwierigkeiten eines ewig gefrorenen Bodens fertigwerden. Die in diesem Gebiet herrschenden Wintertemperaturen erfordern einen Spezialstahl für die Baumaschinen, weil normaler Stahl in der extremen Kälte wie Holz knacke. In der kurzen, aber heißen Sommerzeit müssen sich die Arbeiter mit Spezialkleidern vor Moskitoschwärmen schützen.

Die fertiggestellte BAM verläuft in einem Abstand von 200 bis 500 Kilometern nördlich der „Transsib". Die beiden Linien sind an einigen Stellen durch Querlinien verbunden. Strategisch wird die BAM wohl eine Art zweite Verteidigungslinie sein, die im nördlichen Hinterland der Transsib, außerhalb der Reichweite der chinesischen Artillerie, liegt.

Die wirtschaftliche Bedeutung der BAM liegt darin, daß sie den ungeheuren Reichtum des sowjetischen Fernen Ostens sowohl für den inneren Bedarf wie für den Export erschließt: Seine immensen Waldgebiete, sein Gold, Erdgas, Eisen, Mangan, Kupfer, Zinn, Zink, Erdöl und seine Kohle. Der Bau der Bahn erfordert überdies die Erstellung von Autostraßen, Starkstromleitungen, Wärme- und Wasserkraftwerken, Fluß- und Flughäfen. Dutzende von neuen Städten und Siedlungen entstehen in ihrem Einzugsgebiet.

Unter ökonomischen und strategischen Gesichtspunkten gebaut wurde auch die Turkestan-Sibirien-Bahn (Turksib). Diese verbindet das sowjetische Zentralasien mit Westsibirien. Erstellt wurde die 1400 Kilometer lange Strecke in den Jahren 1927 bis 1930. Sie verläuft längs der russisch-chinesischen Grenze, bringt Holz, Erdöl, Kohle und Korn aus Sibirien nach Turkestan und Baumwolle, Wolle, Reis, Obst und Erze aus Turkestan nach Sibirien.

IRKUTSK – CHABAROWSK

Fahrtpausen für heiße Kartoffeln in Zeitungspapier

Unter leichten Schneeflocken verlassen wir Irkutsk, morgens um 8 Uhr 26, während die Werktätigen in der Gegenrichtung aus dem Bahnhof strömen und die Autobusse füllen. Junge Burschen, die zuletzt zusteigen, bleiben auf dem Trittbrett und halten sich mit bloßen Händen an den Eisenstangen. Nichts ist uns willkommener, als uns in der behaglichen Wärme des Coupés im bereitstehenden Rossja einzunisten, wieder mit Tee verwöhnt zu werden und eine faszinierende Landschaft an uns vorbeiziehen zu lassen. Wir schlagen die Beine hoch, schmökern in unserem russischen Geschichtsbuch, lassen aber die Coupétür immer geöffnet, um uns Ausblicke auf beide Seiten zu ermöglichen.

Auf diesem längsten Teilstück der Transsibirienstrecke ist die Zusammensetzung der Reisenden der „weichen Klasse" verändert. Nur noch ein einziger Russe unter lauter Ausländern reist jetzt in Waggon Nummer 10. Dies erklärt sich damit, daß Transitreisende sich nach den Schiffen ab Nachodka zu richten haben, die im Herbst nur noch drei- oder gar zweimal monatlich fahren. Von nun an werden wir nicht mehr per Taxi herumgeführt, denn Intourist hat endlich seine *grupa,* die fast einen ganzen Bus füllt. Eine *grupa* aus lauter Individualreisenden, die aus Bratsk, Taschkent und mit einem späteren Zug aus Moskau eingetroffen sind.

Nach Irkutsk folgt die Bahn den Gestaden des Baikalsees, der an Fläche größer sein soll als die Schweiz, und in der Tat beginnt er immer wieder von neuem, wenn man seine Ufer endgültig verlassen zu haben glaubt. Man verliert sogar ein bißchen die Orientierung, wenn die Bahn, einen Seearm hinter sich lassend, wieder zu neuen Ufern fährt. Nach dem schneefreien Irkutsk fahren wir erneut in den Winter des Jablonovy Gebirges, anschließend durch eine schneefreie Steppe, den nördlichen Ausläufer der Wüste Gobi, und erreichen in der zweiten Nacht die Kältekammer von Mogotscha bis Belogorsk im Verwaltungsgebiet des Amurs. Hier sinkt das Thermometer auf minus zwanzig Grad. Nachts legt man den Mantel über die Wolldecke, und auf den Stationen hütet man sich, den Zug ohne Winterausrüstung zu verlassen. Der bärtige Ire hingegen trotzt der Kälte im leichten Pullover, wenn er den Zug verläßt, und kehrt zurück mit blauroter Nase und feuchten, beißenden Augen. Er hält an jeder Station nach Briefmarken Ausschau, die in den Bahnhöfen zu kaufen sind, begleitet von einem Engländer, der es nicht nur auf Marken, sondern auch auf Schnaps abgesehen hat. Wenn der Aufenthalt zwanzig Minuten dauert, was in den Verwaltungshauptstädten etwa der Fall ist, darf man es sogar wagen, den Zug aus den Augen zu verlieren. Sobald aber über das Bahnhofmikrophon eine völlig unverständliche Stimme die Weiterfahrt ankündigt, beginnen die Leute zu laufen, und ohne weitere Signale rollt der Rossja wieder an.

Keine Bahnstation ist genau gleich wie die andere. Manchmal hält man einfach zwischen zwei Gleisen an und muß sich mit ein paar Schritten auf und ab auf eisigem Grund begnügen, dann wieder kommt der Zug vor einem schmucken Bahnhofgebäude zum Stehen, mit einer *gastronom* (Gaststätte) und unter Umständen einem Einkaufsladen im Nebengebäude. Nie fehlt auf einer größeren Bahnhofanlage die Silberbronze von Lenin und auch nicht das Spruchband, das die Arbeit und den Sowjetmenschen preist. Die Kioske werden in erster Linie von den russischen Passagieren bestürmt, und zwar nicht, um Zigaretten und Zeitungen, sondern einen Kilobrotlaib, Kefirgläser, getrockneten Fisch oder saure Gurken zu ergattern. Kioske scheinen ohnehin die einzige Bezugsquelle für Salzgurken zu sein. Ich habe im Speisewagen und in Restaurants vergeblich danach gefragt. Voller Überraschungen war gelegentlich das Angebot im *bufet,* das man im Bahnhofsinnern um verschiedene Ecken herum manchmal so lange suchen mußte, daß die Zeit für einen Einkauf nicht mehr reichte. Einmal gab es eine Art heiße Schüblinge zu kaufen, die herrlich dufteten und von den Russen in Zeitungspapier eingewickelt als Proviant davongetragen wurden.

Manchmal hält der Zug irgendwo auf der Strecke. Ein Bahnhof ist nicht sichtbar, aber Bäuerinnen bringen Eier zum Waggon

In Zeitungspapier werden von den burjätischen Babuschkas in der Stadt Ulan-Ude auch gekochte Kartoffelstücke mit leicht angedämpften Zwiebelringen angeboten, eine Delikatesse für die Reisenden im Expreß. Zwei Monate früher im Jahr werden hier Heidelbeeren feilgehalten. Mitte Oktober bleibt noch roter und weißer Kohlsalat, mit Kümmel gewürzt und leicht gesüßt, und auch dieser wird portionsweise in Zeitungspapier eingeschlagen. Im Coupé pickt man ihn dann von Hand in den Mund. Die dunkelroten Kerne der sibirischen Zedernzapfen knackt man mit den Zähnen auf – ich überlasse diesen Genuß andern und verspreche mir mehr von den sibirischen Miniaturäpfelchen, die in Zeitungspapiertüten aufs Trittbrett des Rossja gereicht werden. Die Apfelsorte sieht hübsch aus, ist aber leider kaum genießbar. Unser russischer Mitfahrer in Waggon 10 geht auf Nummer sicher und kauft an den Bahnhofskiosken ausschließlich Zeitungen. ,,Diese können einem wenigstens den Magen nicht verderben.“ Er verpflegt sich aus seinem eigenen Sack und immer im Coupé mit Fisch, Zwiebelringen, Eiern und Brot.

Mit dem aufgerollten gelben Fähnchen gibt Galina das Zeichen zur Abfahrt

Unberechenbarkeiten im Reiseablauf

Da glaubt man doch, Reisen in der Sowjetunion, die nach Prospekt gekauft und vorausbezahlt wurden, verliefen nach starrem Schema. Erst einmal unterwegs, kann man dann – mit einer gewissen Erleichterung – feststellen, daß auch die Russen zur Improvisation fähig sind, daß das System kleine Abänderungen zuläßt. Statt der angegebenen Mahlzeitencoupons wird einem beispielsweise Bargeld ausgehändigt, womit man sich nicht nur im Speisewagen, sondern auch im Straßenverkauf mit Essen eindecken kann. Es kann allerdings auch vorkommen, daß irgendeine Intouristzwischenstation versagt und weder Coupons noch Bargeld abgibt. Es muß auch damit gerechnet werden, daß die „weiche Klasse“, für die man bezahlt hat, nun plötzlich besetzt ist und man in der „harten Klasse“, also in Vierbettabteils, untergebracht wird. Proteste helfen da gar nichts, doch hat man die Möglichkeit, sich diese Umstellung vom Schaffner bestätigen zu lassen und nach der Reise durch das Reisebüro Rückerstattung zu beantragen.

Individualreise, „solange Vorrat reicht“

Zu den Unberechenbarkeiten des Reisens in der UdSSR gehört auch die Tatsache, daß eine Schweizer Dame während dreier Tage und Nächte das Zweiercoupé mit einem Russen zu teilen hat. Das ist der wahrlich weitgereisten pensionierten Botschaftssekretärin, die via Sibirien und Japan nach den Philippinen reist, noch nie vorgekommen. „Man geht aber auch nicht allein auf eine solche Reise“, meint Galina, die junge Schaffnerin, die mit ihrem Mann Alexander auf dieser Teilstrecke den Wagen betreut. Der russische Passagier, der das leicht Komische der Situation wohl auch realisiert hat, versucht vorerst einmal, so zu tun, als wäre er gar nicht da, indem er lange im Gang stehen bleibt, wenn seine Nachbarin im Coupé Platz genommen hat. Abends legt er sich so früh schlafen, daß sie ungestört ist.

Am zweiten Tag nehmen die beiden über der ausgebreiteten Weltkarte Kontakt auf, und erst am dritten Morgen schalte ich mich als „Dolmetscherin“ ein, wobei dann zu erfahren ist, daß er ein pensionierter Oberst ist und für zwei Wochen seine Tochter in Wladiwostok besucht. Durch den schon stattgefundenen Kontakt scheint er verstanden zu haben, daß sich die Schweizerin auf einer Weltreise, *krugoswetnoe puteschestwje,* befindet, und von dem Moment an weicht sein Lächeln nicht mehr von seinem Gesicht. Es ist ein so liebenswürdiges, entwaffnendes Lächeln, daß seiner Coupégenossin fast etwas bange wird, es könnte noch mehr bedeuten. Schon öfters hatte ich festgestellt, daß sich eine düstere Miene aufhellte, sobald wir uns auf Russisch verständigen konnten.

Von der sprichwörtlichen sibirischen Kälte

Alexander, der junge Schaffner, ist anpassungsfähig. ,,Woher kommen Sie?" ,,Aha, aus Zürich. War nicht Lenin dort?" Alexander ist immer sauber rasiert, und er reibt die Teegläser mit einem frischen Tuch aus, bevor er sie füllt. Im Dienst sieht man ihn nur in korrekter Uniform, in der Freizeit spielt er mit dem irischen Lehrer Schach. Natürlich gewinnt dabei stets der Russe.

In Magdagatschi machen wir am frühen Morgen gemeinsam ein paar Schritte vor dem Zug auf und ab. Der Himmel ist gerötet, das Thermometer steht auf minus zwanzig Grad. Ein Vater, offensichtlich ein Früharbeiter, zieht sein Kleinkind auf

Die Flüsse bekommen Ende Oktober eine Haut; Eisbildung auf der Schilka

einem Schlitten über die Schienen. Im Winter gleichen die Kinder kleinen Ballonmännchen. Sie stecken bis zur Unbeweglichkeit in mehreren Kleidungsschichten, eine dicke Schleife im Nacken geknotet. Die Säuglinge werden zu Bündeln geschnürt, die Beinchen eng zusammengebunden, was nach russischer Auffassung nicht nur warm hält, sondern gerade Beine fördert. Bei uns behauptet man das Gegenteil und räumt den Beinchen möglichst viel Bewegungsfreiheit ein.

Die Kälte ist schneidend. Alexander lacht: Erst im Winter sei von Kälte zu reden. Hier im Einflußgebiet der Lena, in dem die Polarluft ungehindert Zugang hat, sinke das Quecksilber bis auf minus 60 Grad. Dann bleibe ihm als Schaffner nichts anderes übrig als *topit, topit!* Nichts als heizen!

Ende Oktober ist der *moros,* der Frost, gerade im Begriffe zuzuschlagen. Die Flüsse bekommen eine Haut, die Spiegelung wird trübe, das erste Eis überzieht die Wasseroberfläche. Kleinere Gewässer haben schon eine tragende Eisschicht, auf der sich Kinder mit Schlitten tummeln. Sie nehmen Anlauf, liegen bäuchlings drauf und lassen sich so weit als möglich hinaustragen. Unweit dieser ersten Winterszenen entdecke ich ein Rudel Wölfe, etwa zehn Stück mit hellem Pelz, doch Rossja setzt die Fahrt fort, das Bild ist viel zu rasch entschwunden. Wir fahren an einer Goldwaschmaschine vorbei, die ein Flußbett durchwühlt und breite, dünenartige Furchen hinterläßt. Ein Gefangenenarbeitslager mit Wachtürmen liegt dicht neben den Schienen, es folgen Holzindustrien mit einer verwirrenden Materialfülle. Man bedauert die frühe Dämmerung, doch wenn man die Lichter im Coupé löscht, kann man ohne weiteres die Nachtlandschaft erkennen, die Lichtflecken der hell erleuchteten Fabriken, in deren Schein ein, zwei Nachtschichtarbeiter auszumachen sind, die schwarzen Zacken eines Kiefernwaldes, ein paar Häuschen, in denen irgendwo ein fahles Licht brennt. Den Mond hingegen habe ich auf der ganzen Reise nie gesehen.

*

Man braucht eine geographische und eine politische Karte

Die geographische Orientierung während der Eisenbahnfahrt gibt übrigens einige Probleme auf. Die meisten Touristen reisen ohne Karte, andere haben sich eine im Westen gekauft, auf der die rote Eisenbahnlinie aber nicht dem tatsächlichen Verlauf entspricht. Auf der von mir im Irkutsker Buchladen erstandenen politischen Karte der Russischen Sozialistischen Föderativen Sowjetrepublik sind die Verwaltungskreise (okrug), die Gebiete (oblast) und die Autonomen Republiken eingetragen. Nach Irkutsk durchfährt man die erste Autonome Sowjetrepublik, jene der Burjäten, mit dem Hauptort Ulan-Ude. Hier begegnet man auch den meisten mongolischen Gesichtern. Die Mongolische Volksrepublik gehört nicht zur Sowjetunion, pflegt aber enge Kontakte mit dieser. So traf ich beispielsweise einen mongolischen Studenten, der sich in Irkutsk ausbilden läßt. Von Ulan-Ude führt eine direkte Zugverbindung über Ulan-Bator nach China, die heute für Gruppenreisen wieder geöffnet ist. Auf der politischen Karte ist das ganze Eisenbahnnetz eingetragen, und man stellt fest, daß die Transsibirienstrecke in Varianten geführt wird. Der Zug Rossja fährt jedoch immer dieselbe Route.

Die „prowodniza" erklärt Technisches

Alexanders Frau Galina ist erst 25 Jahre alt. Sie lernte nach der allgemeinbildenden zehnjährigen Schule Anstreicherin, doch dann überkam sie das Reisefieber, und sie meldete sich beim Bahndienst. Hier lernte sie ihren Mann kennen, den sie Sascha nennt. Sie stammt aus der Ukraine, heute wohnen sie in einem Moskauer Außenviertel. Jeder der beiden verdient 200 Rubel, was zusammen zum Leben reicht, denn die Miete für die Wohnung ist billig. Der Beruf gefällt ihr, weil sie mit Sascha in den jeweils dienstfreien vierzehn Tagen viel anzufangen weiß: sie gehen zusammen Pilze sammeln, im Winter laufen sie Schlittschuh und schauen bei den Eltern nach dem Rechten. Vielleicht, meint Galina, sei ihr Beruf nicht geeignet, wenn man sich Kinder wünscht. Eines ist ihr im letzten Jahr gleich nach der Geburt gestorben, und sie kann fast nicht mehr glauben, daß sie in dieser Beziehung einmal Glück haben wird.

Dennoch ist Galina ein fröhliches und aufgeschlossenes Mädchen. Sie gibt mir weitere ergänzende Informationen über die Organisation des Sibirienexpreß. Alle *prowodnik,* also die Schaffner des ganzen Zuges, bilden zusammen eine Brigade, der ein Brigadier vorsteht. In unserem Rossja ist der uniformierte Brigadier eine Frau, die des öftern durch die Wagen geht, die auch in der Lage sein soll, kleine Reparaturen auszuführen und die die Radiostation im Zug bedient. Es stehen ihr Tonbänder mit Folkloremusik zur Verfügung, mit einem gesprochenen Kommentar zur Gegend, die man gerade durchfährt. Die Idee ist gut, allein die Tonwiedergabe läßt zu wünschen übrig. Weil das Ersatztonbandgerät ein noch älteres Modell ist, verzichtet der Brigadier auf weitere Dreingaben.

Es gebe sechzehn Züge mit dem Namen Rossja, sagt Galina, von denen täglich einer in Moskau und einer in Wladiwostok auf die achteinhalbtägige Reise abfährt. In Wladiwostok bleibt der Zug einen halben Tag, während dem er für die Rückreise gerüstet wird: Auswechseln der Bettwäsche und der weißen, gestärkten Vorhänge an den Fenstern. Grundsätzlich ist jeder Zug mit Post-, Restaurant- und 15 Passagierwagen ausgerüstet. Auf dem Rossja können Briefe empfangen und abgeschickt werden. Galina unterscheidet bei den Passagierwagen eine 1., 2. und 3. Klasse, was von einer Intouristdame jedoch etwas anders interpretiert wird: Rußland kennt eine weiche, eine harte Klasse und eine sogenannte *plazkart.* Ich selber konnte in unserem Rossja diese Klasse nie sehen, aber man hat Gelegenheit, in solche Drittklassabteile Einblick zu nehmen, wenn der Zug direkt neben einem andern zum

Der „malatok“ schlägt mit einer Stange auf die Radkappe und hört am Klang, ob alles in Ordnung ist

Stehen kommt. So sah ich bei fahlem Licht eine Nachtszene durchs gegenüberliegende Zugfenster. Müde Männer, die sich auf die Tische stützten, etwas aus ihrem Zeitungspapier rollten und zum Munde führten und ihren Becher nur unter dem Tisch einschenkten. Nach jedem Schluck, der das Glas bis zum Boden leerte, sanken sie etwas weiter vornüber. Die Wagen dieser Klasse sind nicht unterteilt. Die müden Passagiere schlafen im Gepäcknetz, auf den harten Bänken oder auf den Gepäckballen in den Zwischengängen.

Der Lokomotivführer, der *„maschinist"*, und sein Beimann, der *„pomoschtschik"*, würden alle drei bis vier Stunden ausgewechselt, erzählt Galina weiter. In den Bahnhöfen gäbe es Ruhezimmer für sie, und mit dem nächsten Gegenzug führen sie zu ihrem Wohnort zurück. Die Transsibirienstrecke ist übrigens so häufig befahren, daß man alle fünf bis fünfzehn Minuten auf einen Gegenzug trifft, meist Frachtzüge mit bis zu sechzig Vierachsern, also mit Zuglasten bis 6000 Tonnen. Galina behauptet, zur Hauptreisezeit im Sommer fahre ein Sibirienpersonenzug nach dem andern aus Moskau aus, etwa in Abständen von dreißig Minuten. Den ausländischen Sibirienreisenden steht jedoch meist nur der Rossja zur Verfügung.

Zum fahrenden Zugpersonal kommt jenes auf den Stationen hinzu: unvergeßlich der *„malatok"* oder *„malatotschnik"*, der Radklopfer oder Visiteur, der mit einer Stange auf die Radkappe schlägt und einen Materialdefekt am ting-ting hört, das hoch klingen muß, wenn alles in Ordnung ist. Es gehören dazu die Arbeiterinnen im dicken Wolltuch um den Kopf, die Kohle und Briketts von einem halbhohen Wägelchen zuladen. Der Rossja ist so hochrädrig, daß die Einheimischen unter den Wagen durchgehen, wenn sie auf die andere Seite des Gleises wollen. Die Waggons stammen übrigens aus der Waggonfabrik Ammendorf, DDR, und die Lokomotiven sind meist tschechischer Herstellung.

Galina bietet vormittags und nachmittags unaufgefordert Tee an, hält jeweils drei oder vier Gläser in jeder Hand und geht von Coupé zu Coupé. Sie tut es trotz Zahnschmerzen, die sie einen ganzen Reisetag lang derart plagen, daß sie während der Pause traurig in ihrem Kämmerchen sitzt und die geschwollene Wange in der Hand hält. Kochen mag sie nicht, und Sascha verpflegt sich im Speisewagen. Bis Wladiwostok dauert es noch drei Tage, wie wird sie es nur aushalten? Ob in Wladiwostok ein Staatszahnarzt gerade Zeit hat?

„Ruhm unserem freien Vaterland“ steht für die Genossen groß über einem öffentlichen Gebäude in Chabarowsk. Typisch für viele große Plätze sibirischer Städte: wenig Fußgänger, geringer Autoverkehr

Einfache Holzhäuser in der fernöstlichen Stadt Chabarowsk; wohltuende Abwechslung zu den stereotypen Blocksiedlungen, die in den letzten Jahren auch hier aus dem Boden geschossen sind

CHABAROWSK

Der russische Ferne Osten

Leider durchfährt man die kleine Autonome Jüdische Republik mit dem Hauptort Birobidschan bei Nacht und erreicht Chabarowsk in noch stockdunkler Morgenfrühe um 1 Uhr. Es folgen alles in allem drei Stunden Schlaf im Hotel Intourist, das erst 1978 fertiggestellt worden ist, aber bereits einige Merkmale der Verwahrlosung zeigt, so wie sie bei russischer Provinzhotellerie üblich ist: schief hängende Vorhänge und eine Fensterfront gegen Norden, die zu wenig isoliert ist. Unser Ausblick auf den Amur und auf ein russisches Rekrutenbataillon, das auf die Parade vom 7. November probt, zur Feier des Bolschewikensieges anläßlich der Großen Sozialistischen Oktoberrevolution, ist zwar erhebend, aber frostig. Mit diesem Datum hat es übrigens folgende Bewandtnis: Nach der Oktoberrevolution übernahm die Sowjetunion den Gregorianischen Kalender. Für frühere historische Ereignisse gelten daher zwei Daten: so fand die Revolution nach der alten Zeitrechnung am 25. Oktober 1917 statt, nach der neuen am 7. November. Der steife Nordwind scheint in Chabarowsk ein bekannter Winterheld zu sein, denn die Haupteingänge der Läden an der Hauptstraße sind alle verriegelt, und man benutzt die Wintereingänge mit doppelten Holztüren und Windfängen.

Chabarowsk ist eine Stadt des russischen Fernen Ostens, des *daloki wostok;* Kakiuniformen dominieren das Straßenbild. Das Angebot der orientalisch anmutenden Läden beschränkt sich vorwiegend auf Fisch, *ruiba,* konserviert, eingesalzen und getrocknet. Der Amur und das Ochotskische Meer liefern ein Drittel des sowjetischen Fischertrags. So wie die Landwirtschaft wird auch die Fischerei in Kolchosen betrieben, die mit unserer Genossenschaft vergleichbar sind. Für die Jagd in der Taiga sei die Form der Sowchose üblich, eine ganz und gar verstaatlichte Produktionsform.

Die Pelztierjagd war hier auch schon im alten Rußland ein Anziehungspunkt für russische Adelige, die der Herrschaft des Zaren entgehen wollten. Kosak Jerofei Pawlowitsch Chabarow drang im 17. Jahrhundert von Jakutsk aus bis zum Amur vor, doch erst zweihundert Jahre später, nämlich 1858, gründete Graf Nikolai Nikolaiewitsch Murawjew, damals sibirischer Gouverneur und Entdecker, die Stadt Chabarowsk an der Einmündung des Ussuri in den Amur. 1896 war die Ussuribahn von Wladiwostok bis Chabarowsk vollendet; 1922 siegten im Bürgerkrieg die Rotarmisten über die Weiße Armee und machten aus Chabarowsk und seiner sich weit nach Norden ausdehnenden früheren Provinz Daurien einen Verwaltungskreis der RFSR (Russischen Föderativen Sowjetrepublik).

Chabarowsk ist trotz des Nordwindes, der das Amurtal herauffegt, von milderem Klima als das Gebiet westwärts. Der Boden sei günstig für schnell wachsende Getreidesorten und vor allem für die Sojabohne. Chabarowsk wäre keine russische Kreishauptstadt ohne seine Hochschulen, ohne die beachtliche Zahl von Studenten. In der Stadt, für die die Eisenbahn eine so wichtige Rolle spielt, gibt es unter anderem eine Hochschule für Eisenbahnkunde, und ein volkskundliches Institut befaßt sich mit der Erforschung und schrittweisen Eingliederung der Ureinwohnerstämme, von denen es im ganzen nordostasiatischen Raum eine Vielzahl heute seßhaft gewordener gibt: die Ewenken, Ewenen, Kuriaken, Jakuten oder Nanaier beispielsweise, denen im Chabarowsker Ortsmuseum ein repräsentativer Platz eingeräumt worden ist. Am besten gefallen mir da die handgewobenen und mit Pelz und Tierhäuten verstärkten Kleider, wie sie die Angehörigen dieser Stämme früher anfertigten. Sie sind jenen der russischen Bauern ähnlich, die man in den Vitrinen fast aller russischer Museen als Zeugen der Armut und Armseligkeit zu sehen bekommt. In der Tat zeichnen sie sich durch geschmackvolle Farbzusammenstellung und eigenwillige Verarbeitung aus, wie man sie im heutigen Sowjetrußland vergeblich sucht. Es fehlt heute das gute Grundmaterial, und sei es auch nur Jute oder einfache Baumwolle, die selbst mit Flicken versehen schöner aussehen als die bunten Kunstfaserkleider aus der Fabrik.

Ein Besuch im Chabarowsker Museum lohnt sich aber vor allem wegen der Darstellung der reichen Tierwelt, die es auch heute noch in der Gegend gibt: Da ist der Amurtiger, etwas größer als der Sibirische Tiger, der im Winter bis ins südliche und milde Wladiwostok hinunterwandert. Sein Hauptfutter sind Wildschweine, die in ganzen Rudeln auftreten, und seine Rivalen der Rotwolf und der Leopard, der Braunbär und die Wildkatze. Zum Wegkratzen von Schnee und Eis hat das hiesige Rentier eine sogenannte Vorschaufel, ein spitzes Horn auf der Nase. In der Taiga leben auch Schlangen und Schildkröten, die in der kurzen, sommerlichen Hitze erwachen. B. K. Arsenew hat die sibirische Fauna schon zu Beginn des Jahrhunderts erforscht; doch auch die modernen Naturwissenschaftler sind sich einig, daß hier einer der reichsten Tierbestände der Welt anzutreffen ist.

CHABAROWSK – NACHODKA

Perfektionismus – aber die Herzlichkeit fehlt

Die Weiterreise von Chabarowsk nach Nachodka spielt sich in einem anderen Geist ab. Schon der Wartesaal im Bahnhof ist ausschließlich dem bevorzugten Ausländer reserviert, für Russen ist ein anderer Raum bestimmt. Die Schaffnerinnen in den Fremdenwagen des Zuges nach Nachodka sind hübsch aufgemacht, doch pflegen sie einen formell distanzierten Umgang mit den Touristen. Wer für die erste Klasse bezahlt hat, hat nicht ohne weiteres Anrecht auf einen Platz im Zweierkabinenwagen, der mit poliertem Mahagoni, mit Spiegeln und Messingbeschlägen reich ausgestattet ist. Der mitreisende Ire sagt dazu „very imperial". Da es mehr Passagiere der Ersten Klasse gibt als Kajütenbetten im Salonwagen, müssen einige in der „harten Klasse" übernachten, allerdings nur zwei Mann pro Vierbettabteil. Proteste helfen nichts, Intourist hat ausgesondert, und über das leerbleibende Coupé, das man zufälligerweise entdeckt, weil die Schaffnerin eine Tür nicht verschlossen hat, ist uns die Dame keine Erklärung schuldig. Der Reiseschriftsteller merkt sich das für sein Buch, doch auch diese Anspielung vermag die unbeugsame Haltung der Uniformierten nicht zu ändern. Der Speisewagen bietet saubere Tischtücher und sogar Stoffservietten – doch fehlt „the experience of the Russian affection", wie sich der Engländer aus Leeds ausdrückt.

Die Reise Chabarowsk-Nachodka dauert eine Nacht. Absichtlich eine Nacht? Sie führt an dem neuralgischen Grenzgebiet China–Sowjetunion entlang. Der Karte entnimmt man, daß wir im Tal des Ussuri fahren, doch den Fluß sehen wir nicht. Die Nacht an den Bahnhöfen ist jedoch taghell, Tiefstrahler leuchten jeden Winkel aus, und vereinzelt patrouillieren Militärs. Die bewaldeten Hügelzüge in nächster Nähe gehören schon zu China, *Kitai.* Es wird im offenen Gespräch geflissentlich übergangen; die politisch-militärische Lage zwischen den beiden Ländern ist zumindest unklar, besonders seit der Öffnung Chinas zum Westen. Westeuropa erscheint aus dieser geographischen Perspektive wie ein mächtiger Riegel. Japan kennt man als gefürchteten Angreifer, und auch heute traut man den Japanern nicht. So fühlt man sich im russischen Asien trotz der unendlichen Distanzen irgendwie eingekeilt und ohnmächtig, und man beginnt die Worte der Novosibirsker Fremdenführerin, „Wir mußten zuerst die Schwerindustrie aufbauen", zu verstehen.

„Very imperial“ beurteilte der mitreisende Engländer die Waggons der letzten Teilstrecke Chabarowsk – Nachodka

NACHODKA – YOKOHAMA

Abschied von Rußland

In Nachodka, der fernöstlichen Küstenstadt, hat Intourist endlich seine Einzelreisenden zu einer ordentlichen *„grupa"* zusammengefaßt. Wladiwostok liegt hinter einem Felsvorsprung weiter südlich, gut versteckt in einer Bucht. Hinzugekommen sind in Nachodka einige französische Studenten der Japanologie, die auf dem billigsten Weg zu Studienzwecken nach Japan wollen. Sie sind in der „harten Klasse" gereist und haben ihr Essensgeld nicht aufgebraucht. Ein Franzose ißt lieber nichts, als daß er seinen Gaumen strapaziert. Einen dieser Studenten hatte Intourist übrigens vor der Abreise in Irkutsk aus dem Bett holen lassen, weil der junge Mann es wohl versäumt hatte, der *deschurnaja* am Vorabend einen entsprechenden Weckauftrag zu erteilen. In der Zollabfertigung am Hafen von Nachodka stößt ein weiterer Franzose zu uns: er hatte seinen Paß in einem Moskauer Hotel liegen lassen und eine Woche lang auf eigene Kosten in einem Nachodkaer Hotel auf die Post mit dem Paß und die nächste Schiffspassage warten müssen. Es sei, besonders weil er sich nicht mit den Leuten verständigen konnte, alles andere als lustig gewesen.

Nur wenige Russen steigen an Bord des Passagierschiffes „Baikal", ein Häuflein Landsleute bleibt zurück und winkt. Die russischen Passagiere sind durchwegs Angestellte von sowjetischen Handelsvertretungen in Tokio. Sie reisen mit Frau und Kind, doch das Leben in der fremden japanischen Welt wird von ihnen nicht sonderlich geschätzt. Eine der mitreisenden Frauen kommt aus Moskau und würde den Winter viel lieber in ihrer Heimatstadt verbringen, würde am liebsten überhaupt nicht ausreisen. Unter den übrigen Passagieren trifft man erstmals Japaner, die sich auf Deck bei einer Art Billardspiel vergnüngen. Schach und Damespiel bleiben den Engländern vorbehalten, die ihre Sibirienkleider hervorgeholt haben und mit roter Nase und Schnupftuch im Zugwind des Decks ihre Steine verschieben.

Die „Baikal", die 280 Passagiere faßt, wurde 1962 auf einer Rostocker Werft in der DDR gebaut. Ihr Pendant ist die „Chabarowsk", die den gleichen Kurs fährt und ein paar Kabinen mehr hat. Diese sind in der Nähe der Schiffsmotoren überheizt und auf Deckhöhe eher unterkühlt. Da wir gegen Süden fahren, werde die Temperatur zusehends wärmer, und am nächsten Tag werde die Heizung im ganzen Schiff abgestellt, entschuldigt die Personaloberste die kleine technische Panne.

Unsere Kabine der Luxusklasse A, die einzige, die es auf der „Baikal" gibt, ist tatsächlich recht unterkühlt, was den Aufenthalt dort nicht erstrebenswert macht. Die

„großartige Ausstattung" mit Radio und Fernsehen erweist sich als Attrappe: drückt man auf den Knopf, vernimmt man allerhöchstens ein leises Knacken.

In den Seestraßen sei das Meer immer wild, erklärt Irina, unser Schiffsmädchen, am dritten Tag auf See, als wir die Meerenge Tsugaru zwischen Hokkaido im Norden und Honshu im Süden schon längst passiert haben und der japanischen Küste entlang nach Süden fahren. In der ersten Nacht und während des ganzen zweiten Tages hatte die „Baikal" ordentlich geschaukelt, so daß weder von den Passagieren noch vom Schiffspersonal viel zu sehen war. Irina kennt aber ein noch viel bewegteres Meer: Die Perusastraße, die sie im Anschluß an unsere Schiffsreise zwischen Hokkaido und der Insel Sachalin durchqueren. Dann stehe kein Stuhl mehr an seinem Ort, und das Wasser überspüle das oberste Deck. Die „Baikal" lege dann im Hafen Korsakow auf Süd-Sachalin an und steuere zwischen den Kurilen hindurch gegen Petropawlowsk auf Kamtschatka, der nordöstlichsten Halbinsel der Sowjetunion. Diese Schiffskurse seien nur für sowjetische Passagiere bestimmt. Zweimal jährlich werde für die Komsomolzenjugend eine Seereise bis Manila auf den Philippinen durchgeführt.

Der Kurs Nachodka–Yokohama wird laut Schiffsfahrplan in den Sommerreisemonaten mehrmals bis nach Hongkong verlängert.

Irina zeigt mir ihr Vierbettabteil, das vier Decks tiefer liegt und das sie mit Kolleginnen teilt. Irina könnte Ihrem Aussehen nach ein junges Mädchen sein, sie ist aber eine Frau mit einer schon elfjährigen Tochter. Sie hat sie auf einem Farbfoto immer bei sich, und auf einem andern zeigt sie mir ihren Mann. Alle drei sind Tausende von Kilometern voneinander entfernt, und während Irina erzählt, müssen wir meine Eurasienkarte im Maßstab 1:15 000 000 hervorholen, um darauf das Dreieck Vater–Mutter–Tochter abzustecken. Irina hat sich an solche Distanzen gewöhnt: Geboren ist sie in Kiew, und noch als Kind zog sie mit ihren Eltern nach Alma-Ata, ganz im Süden Kasachstans, wo ihr Vater im Kohlenbergwerk eine gut bezahlte Arbeit fand. Dort, in ihrem Elternhaus, lebt heute auch ihr Töchterchen. Ihr Mann arbeitet in einem Kohlenschacht viel weiter nördlich – sie fährt mit ihrem Finger Tausende von Kartenkilometern über die Kirgisische Steppe, über den Südural und die Wolga bis zu einer Stadt, die vom Weißen Meer nicht mehr weit entfernt ist: Kotlas, wo die Flüsse Witschegda und Suchona in die Dvina münden. Ihr Mann verdient gut dort oben im hohen Norden, sieben-, acht- oder auch neunhundert Rubel, *mnogo, mnogo,* viel, viel!

Und sie? Irina gibt sich mit einem Verdienst von hundertzwanzig Rubeln zufrieden. Schiffsmädchen ist sie seit drei Jahren, und ebenso viele Jahre bleiben ihr noch als Pflichtsoll in diesem Beruf. Dann will sie auf den Eisenbahndienst überwechseln, auf die Strecke Usbekistan–Kasachstan–Moskau, was ihr erlauben wird, wenigstens ihre Freitage bei der Familie zu verbringen. Dann wünscht sie sich auch noch einmal ein Kind. Bis dahin hält sie sich an den arbeitsfreien Tagen in Wladiwostok mit ihren

Freundinnen bei guter Laune. Vereint mit Mann und Tochter war sie zum letzten Mal vor acht Monaten, doch kann sie diese Tatsache nicht traurig stimmen, denn „das Personal tanzt und singt auf dem Schiff Abend für Abend".

Unsere ukrainische Tanzgruppe, Schiffsangestellte in Maschinenraum und Küche, probt am Nachmittag im Salon, doch wird am Abend ihr Auftritt abgesagt; das Meer sei noch zu unruhig. Stattdessen werden Propagandafilme vorgeführt, die gewisse Leute verstimmen. In den Schiffsgängen der „Baikal" hängt übrigens der schon aus etlichen Museen bekannte, reich bebilderte Lebenslauf von Leonid Breschnew. Als die „Baikal" seinerzeit vom Stapel lief, hat wohl Parteichef Chruschtschow die Wände geschmückt.

An der Bar wird mit Rubel und Jen bezahlt. Die japanischen Gäste knabbern getrockneten Fisch zum Apéro, und unser deutscher Reisegefährte und Japankenner gibt uns warmen Sake zu versuchen, den japanischen Reisschnaps, der mir aber nach dem russischen Wodka ganz wäßrig vorkommt. Je mehr wir uns Yokohama nähern, desto häufiger werden die Schiffskutter, die nachts mit Scheinwerfern auf Fischfang aus sind und draufgängerisch unser Kielwasser kreuzen. Dies ist unser erster Eindruck von der freien Marktwirtschaft nach dem verschlafenen, russischen Planwirtschaftsbetrieb.

Abendstimmung auf der „Baikal". Bald ist Japan in Sicht

Die Pazifikküste der Insel Honshu scheint vom Schiff aus grün und unberührt. ,,Die Japaner lieben es nicht, den Massen zu entgehen und in die Einsamkeit auszubrechen", meint unser Gewährsmann Meißner. Um so lebhafter und gedrängter ist der Verkehr in der Yokohama Bucht.

Eine Stunde bevor wir anlegen, braust ein Lotsenboot seitlich heran, und heraus steigt ein Lotse, der für die letzte Strecke das Steuerrad der ,,Baikal" in die Hand nehmen wird. Die ,,Baikal" hat das Tempo gedrosselt, und während wir uns zwischen Tankern, Linienschiffen und Fischkuttern einen Weg hindurchbahnen, steige ich noch einmal von Deck in die Bar hinunter, wo der Schiffskoch gerade bei einem Gläschen sitzt. Der *,,powar"* ist gebürtig aus Sevastopol am Schwarzen Meer, und als Küstenbewohner zog es ihn wohl aufs Meer hinaus. Seit über dreißig Jahren ist er Schiffskoch. Er hat schon zwei erwachsene Söhne, so groß und breit gebaut wie er. Beide sind Fabrikarbeiter geworden. Seine Frau lebt in Wladiwostok, wo der Koch nach seinen kürzeren oder längeren Kreuzfahrten jeweils seinen Heimaturlaub verbringt. Heimweh? Nein, denn er weiß, seine Frau ist selbständig und hat die Gesellschaft ihrer Enkel, die in der Nähe wohnen.

Wie ich seine Kochkünste lobe – tatsächlich sind die Gerichte auf der ,,Baikal" abwechslungsreich und gut zubereitet – ist der große Mann ganz gerührt und schenkt mir noch ein Glas Wodka ein. Auf See beschäftigt er eine Küchenmannschaft von zwanzig Leuten. Wenn die ,,Baikal" in den Hafen einfährt und die Passagiere geschäftig werden, kommt seine Ruhepause. Sie dauert bis zum nächsten Mittag, wenn das Schiff die Rückfahrt antritt.

Was unternehmen die Russen in Yokohama? Diese Frage habe ich schon dem Schiffsmädchen gestellt, und beide antworteten gleich. Kein Wort über das Warenangebot in den japanischen Schaufenstern, das ihnen phantastisch vorkommen muß. Vielleicht schweigen sie, weil es dem Vergleich mit Rußland in keiner Weise standhält und sie sich betrogen vorkommen, vor allem wenn man noch den schlechten Kurswechsel berücksichtigt. Viel näher liegt jedoch die Annahme, daß sie in der fremden japanischen Welt tatsächlich nicht allzu viel anzufangen wissen. Sie spazieren ein wenig im Hafengelände und freuen sich dann auf die Heimreise, auf die Kälte, auf den russischen Winter – weil es *ihr* Rußland ist.

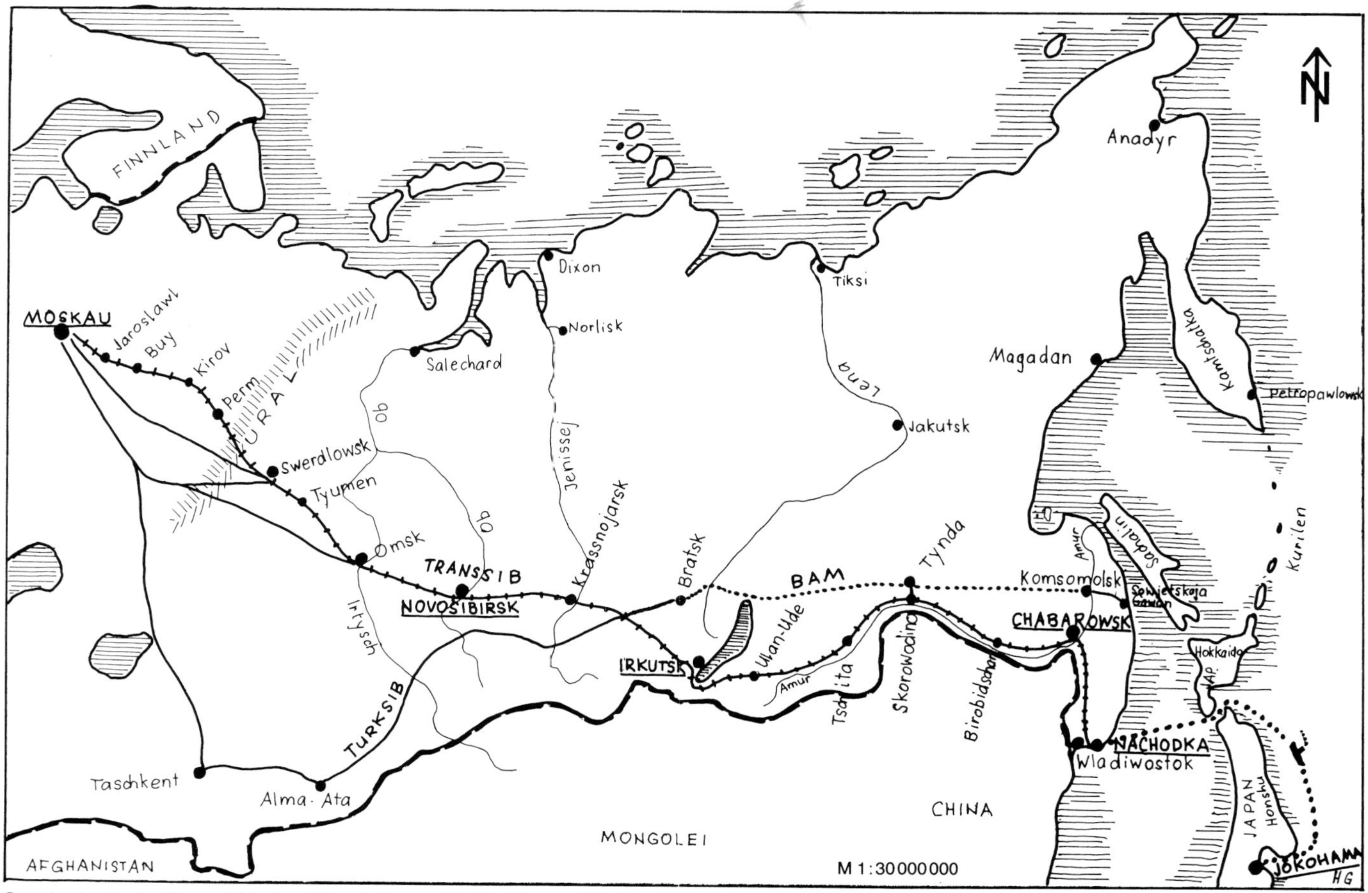

Streckenkarte der Transsibirischen Eisenbahn zu „Heißer Tee von Moskau bis Wladiwostok“